Dietlind Neven-du Mont
La Oma

Dietlind Neven-du Mont

La Oma

Aus dem turbulenten Leben
einer Großmutter

Quell

Das Spiegelei

»Ich mag das Spiegelei nicht essen«, sagt Franca, »das ist schwarz.«

»Das ist nicht schwarz«, meint die Großmutter, »da sind nur ein paar Katzenhaare drauf, weil die verdammten Biester immer auf dem Tisch sind!«

»Die Katzenhaare mag ich nicht!« Franca sieht die Großmutter aus ihren dunklen Mandelaugen mit unbeweglichem Gesichtchen an.

»Dann tu sie weg!« ruft die.

»Mit was?« fragt Franca.

»Meinetwegen mit der Kleiderbürste!« faucht die Großmutter.

»Da sind Hundehaare dran«, schüttelt Franca den Kopf.

»Wo ist denn Tino? Der kümmert sich um nichts!« seufzt die Großmutter.

»Du hast ihn doch selbst runtergeschickt, den Hundezwinger bauen.«

Die Großmutter zuckt die Achseln, drückt ihre halbgerauchte Zigarette aus und setzt sich an die Schreibmaschine.

Franca kratzt mit dem Messer auf dem Spiegelei herum, bis es kalt und ganz dünn ist. Dann gibt sie es den Katzen, läßt sich von der Bank rutschen und läuft davon. Die Katzen springen auf den Tisch.

Draußen knirscht der Kies. Maria, die sanfte Maria, fährt ihren kleinen Paul auf dem Dreirad hin und her. Das Dreirad ist alt. Die kleinen Räder schieben sich schwer durch den groben Kies. Bei jeder Drehung jubelt der kleine Paul laut auf, dann schiebt Maria weiter hin und her.

Es ist heiß, mittägliche Stille. Nur das Klappern der Schreibmaschine klingt eintönig aus dem Haus. Die Hunde dösen auf den Treppenstufen. Ein Auto hält. Maria schreckt aus ihrem Halbschlaf. Rici macht mit seinen Kinderhänden geschickt das Gartentor auf und rennt ihnen entgegen. Anna stakt auf hohen Absätzen durch den Kies.

›Auf solchen Absätzen könnte ich nicht so schnell laufen‹, denkt Maria.

Anna winkt der Schwägerin zu und begrüßt lachend die Hunde, die, aus ihrem Schlaf geschreckt, Anna kläffend umringen. Sie läuft die Treppe rauf ins Haus, die Hunde hinterher.

Annas Absätze knallen hart auf die Steintreppe.

»Ciao, Mama!« ruft Anna. »Kann ich Rici dalassen? Wir holen ihn abends.«

Die Großmutter dreht sich schwerfällig um.

»Wozu hast du eigentlich einen Drehstuhl?« lacht Anna. »Wenn er am Eßtisch steht.«

»Weil ihn die Kinder immer wieder klauen«, sagt ihre Mutter müde.

Sie sieht wohlgefällig ihre Älteste an, die lässig in der Tür lehnt. ›Hübsch sieht sie aus, meine Anna‹, denkt sie und sagt grimmig: »Warum kaufst du dir immer so teures Zeug in Boutiquen? In Warenhäusern gibt's doch auch fesche Sachen!«
»Mama, davon verstehst du nichts!«
»Und ob ich was davon verstehe! Dein armer Mann arbeitet sich zu Tode.«
»Der hat's gern, wenn ich schicke Sachen habe! Außerdem arbeite ich ja auch. Und wenn ich mir nicht ab und zu was zum Anziehen kaufen würde, hätte er sich schon längst eine Orgel angeschafft und würde von unserem letzten Ersparten noch eine Konzerthalle drumrum bauen, weil ihm zwei Klaviere im Wohnzimmer noch nicht reichen«, lacht Anna.
›Bei Anna ist alles so einfach‹, denkt die Großmutter.
»Ciao!« ruft Anna, schon auf der Treppe. »Wir kommen abends!«
Sie läuft auf klappernden Absätzen davon. Maria sieht ihr nach.
›Jetzt fährt sie in die Stadt‹, denkt Maria, ›ich könnte auch in die Stadt fahren. Paul ist mit Rici beschäftigt. Ich könnte mich schick anziehen und mitfahren. Aber was soll ich in der Stadt?‹ Maria geht in ihre winzige Küche, holt ihr Strickzeug und setzt sich zu den Kindern.

Das junge Mädchen

»Tino!« ruft die Großmutter von oben. »Tino! Du mußt noch einkaufen!«
Tino, der Nachzügler, Großmutters Jüngster, steht klein und schmächtig unten auf den Treppenstufen und unterhält sich mit seinem Freund.
»Bis nachher!« sagt er und steigt mürrisch die Treppe hoch.
»Hast du wenigstens Geld, wenn ich einkaufen soll?«
»Morgen«, sagt seine Mutter hoffnungsvoll, »morgen kommt bestimmt Geld!«
»Davon hab' ich heute viel«, brummt Tino.
»Geh halt in den anderen Laden!«
»Die freuen sich auch unheimlich, wenn ich komme!« brüllt Tino und wirft die Tür hinter sich zu, die Tür, die nie geschlossen wird, weil Hunde, Katzen und Kinder ein und aus rennen. Seufzend macht die Großmutter die Tür wieder auf und setzt sich an die Schreibmaschine.
»Da ist so ein Mädchen.« Tino kommt zurück. »Gina schickt sie.«
»Ich hab doch gar keine Zeit«, murmelt die Großmutter.
Tino führt das fremde Mädchen linkisch ins

Zimmer. Sie ist klein und unscheinbar. Tino gießt ihr Schnaps ein, übervoll, bietet ihr eine Pfeife an. Als das junge Mädchen den Kopf schüttelt, ist er mit seiner Weisheit am Ende. Er rutscht schweigend auf dem Stuhl hin und her. Das Mädchen schweigt auch.

»Ich muß kochen«, grinst Tino, froh, einen Abgang gefunden zu haben, und verschwindet in die Küche.

›So allein kann ich sie nicht sitzen lassen‹, denkt seine Mutter und steht schwerfällig von der Schreibmaschine auf.

Das junge Mädchen erzählt von seinen Schwierigkeiten. Irgendwo ist es rausgeflogen, und zu Hause ist auch alles kompliziert.

›Ich hör' ja gar nicht zu‹, denkt die Großmutter, ›kann ich überhaupt noch zuhören?‹

Im Hintergrund läuft der Fernseher. ›Wer hat jetzt von Selbstmord geredet?‹

»Uffa«, sagt sie wegwerfend, »man macht nicht so leicht Selbstmord! Ich hab auch keinen Selbstmord gemacht! Als die mich damals, klinisch tot, in die Nervenklinik brachten, da dachten die natürlich ... Aber das war Unsinn! Die Ärzte haben das auch gleich kapiert, und als meine Kinder mir die Schreibmaschine brachten, hab ich den ganzen Tag geschrieben. Die wunderten sich in der Nervenklinik. So was hatten die noch nicht erlebt. Und ich möchte sie nicht missen, meine Zeit dort. Ich habe viel gelernt, viel erfahren. Die Leute sind so freundlich. Sie können sich gar nicht vorstellen, wie freundlich die Nervenkranken sind!« Sie redet auf das junge Mädchen ein, das sie verständnislos und erschreckt ansieht.

»Sie können sich das wirklich nicht vorstellen! Die sind viel empfindsamer als die sogenannten ›Normalen‹. Vielleicht sind sie deshalb in der Nervenklinik? Und was heißt schon ›normal‹? Wissen Sie, was ›normal‹ ist?«

Das junge Mädchen schweigt.

»Früher hab' ich mich das auch nicht gefragt, aber jetzt.« Die Großmutter gießt sich achtlos ein Glas ein, zündet sich eine Zigarette an.

»Mein Schreibmaschinengeklapper ging ihnen auf die Nerven. Das kann ich verstehen, schließlich waren sie ja nervenkrank«, lacht die Großmutter. »Da haben mich die Nonnen ins Bad geschickt. So Bäder in Krankenhäusern scheinen für alles mögliche da zu sein, selten zum Baden. Ich konnte dort nach Herzenslust klappern, von morgens bis abends, viel ungestörter als zu Hause. Die Ärzte waren sehr beeindruckt und dachten, ich sei Schriftstellerin. Als sie merkten, daß ich nur Kochrezepte übersetzte, waren sie enttäuscht. Aber, glauben Sie mir!« blitzt sie das

junge Mädchen aus blauen Augen an, »eines Tages schreib' ich noch meinen Roman, wenn ich erst mal die verdammten Kochrezepte los bin! Übrigens, wegen des Selbstmords mußte ich auch noch zu den Carabinieri. Na, denen hab ich was erzählt! Ob sie glauben, ich hätte, mitten im Umzug, Zeit für Selbstmord?«
Das Mädchen schweigt.
»Wie heißen Sie eigentlich?«
»Carla.«
»Sind Sie Ausländerin?« fragt Carla nach einer Weile.
»Wie kommen Sie darauf?«
»Sie haben so einen harten Akzent«, sagt sie unschuldig.
»Ph, da sollten Sie mal meinen Mann hören! Der zischt die ›S‹, daß man den Trentiner auf Kilometer hört. Ich bilde mir ein, ein reines Italienisch zu sprechen.«
»Ja, schon.« Carla zögert.
Plötzlich lacht die Großmutter: »Sie haben recht. Ich bin Deutsche, aber ich hab's nicht gern, wenn man mein Italienisch kritisiert.« Dann ruft sie in die Küche: »Tino, wo ist Franca?«
»Keine Ahnung«, sagt Tino mürrisch und macht sich auf den Weg, Franca zu suchen.
»Eigentlich darf Franca gar nicht auf die Straße,

seit hier so ein verdächtiger Typ rumschleicht.«
»Wie wollen Sie das kontrollieren?« fragt das junge Mädchen.
»Das ist es ja!« seufzt die Großmutter. »Ich kann schließlich nicht den ganzen Tag hinter ihr her rennen – und jetzt wird's schon so früh dunkel. Sie müßte längst zu Hause sein!«
»Mama!« ruft Tino aus dem Hof. »Franca ist mit Maria und den zwei Kleinen auf den Jahrmarkt.«
»Das ist typisch für Maria«, sagt die Großmutter befriedigt. »Mit Kindern ist sie immer nett. Da fällt ihr immer was ein. Vielleicht, weil sie's selbst so schwer hatte? Sie ist ein armes Schwein, und ihr Mann schlägt sie.«
»Ist Marias Mann denn nicht Ihr Sohn?« fragt Carla verwirrt.
»Deshalb braucht er sie doch nicht zu schlagen!« ruft die Großmutter giftig und zieht so heftig an der Zigarette, daß das Ende zu glimmen beginnt. Sie schnippt die Zigarette ab, sieht nachdenklich auf die herabfallende Asche. »Maria war im Waisenhaus, als kleines Mädchen. Jeden Samstag kam ihr Großvater sie besuchen. Jeden Samstag stand Maria am Tor und wartete auf den Großvater. Eines Samstags kam er nicht. Maria stand am Tor und wartete. Sie wartete vier Wochen lang jeden Samstag auf den

Großvater. Frierend stand sie am Tor, als die Besuchszeit längst zu Ende war. Da ging eine Nonne vorbei.
›Auf deinen Großvater brauchst du nicht mehr zu warten‹, sagte sie, ›der ist tot und begraben.‹ Da fing Maria zu schreien an. Sie schrie und schrie, bis man sie in eine Nervenheilanstalt brachte. Als kleines Kind in eine Nervenheilanstalt ...« Die Großmutter murmelt es vor sich hin, als hätte sie das junge Mädchen ganz vergessen.
»Verstehen Sie sich mit Ihrer Schwiegertochter?« fragt dieses.
»O ja, obwohl sich manche wundern. Maria kann schon schwierig sein. Kommen Sie!« sagt sie unvermittelt. »Gehen wir auch auf den Jahrmarkt! Da gibt es so schöne Volkskunst. Die möcht' ich noch mal sehn.«

Der Jahrmarkt

Die Großmutter zieht eine Strickjacke über, fährt sich vor dem Spiegel achtlos mit den Fingern durch die Haare.
»Die Schminke ist verlaufen«, stellt sie fest und schneidet sich eine Grimasse in den Spiegel.
Sie stolpert über eine Katze, schiebt einen Hund

von der Tür und schimpft auf die Viecher, die unnütz und lästig seien.
Draußen wird ihr Gang langsam, fast unsicher. Sie hält sich mit der Hand an der Hauswand. Die andere Hand faßt nach dem Treppengeländer. Eine große Tasche baumelt an ihrem Arm.
›Sie scheint nicht viel auszugehen‹, denkt das junge Mädchen, ›was ist das für ein Leben?‹

Die Straße ist still und dunkel, ein paar schäbige Häuser, eine Villa mit fast elegantem Vorgarten, ein kläffender weißer Pudel. Auf der anderen Seite ein kleiner Bach, ein Fabrikgebäude.
Tino taucht aus dem Dunkel auf und schließt sich ihnen an.
Plötzlich, unvermittelt Lärm und Licht. Sie stehen an der Hauptstraße. Gegenüber ist der Jahrmarkt. Musik dröhnt ihnen entgegen, wird gleich wieder verschluckt, von anderer übertönt. Der Jahrmarkt füllt sich langsam. Es ist die Stunde der Kinder. Ihre kleinen Gesichter, von roten und grünen Lichtern überzuckt, sehen alt und unwirklich aus.
Paul und Rici laufen der Großmutter entgegen, hängen sich an sie, erzählen ihr laut und aufgeregt. Doch die Großmutter versteht nichts. Die Musik übertönt alles.
Maria, Franca an der Hand, bahnt sich einen

Weg durch die Kinder. Maria lächelt. ›Sie ist immer verlegen‹, denkt Carla bei sich.

Tino will seine Mutter überreden, mit ihm Raketen-Karussell zu fahren. Die schüttelt entsetzt den Kopf.

Tino verschwindet und kommt mit gelösten Eintrittskarten zurück, hält sie jedem unter die Nase, gefächert wie Spielkarten. Er strahlt, fast hübsch sieht er aus, ganz jung und kindlich, aber keiner will die Karten.

»Ich hab' dir gesagt, daß ich nicht fahre!« faucht die Großmutter und läßt Tino mit seinen gelösten Eintrittskarten stehen.

»Was macht er jetzt mit den Karten?« fragt Carla.

»Das ist sein Problem«, meint die Großmutter ungerührt und geht weiter.

Tino sieht auf seine Karten. Aller Glanz ist aus seinem Gesicht gefallen. Nur die roten und grünen Lichter zucken und machen Tinos Gesicht klein und faltig.

»Wie alt ist Tino eigentlich?« fragt das junge Mädchen.

»Er wird schon achtzehn, da braucht er nicht mehr so kindisch zu sein! – Kommen Sie, ich zeig' Ihnen die Volkskunst!«

»Ist sie das?« fragt Carla ungläubig vor dem Wagen, auf dem falsche Teppiche, rot schil-

lernde Vasen, Spitzendecken und allerhand Krimskrams ausgebreitet liegen.
»Die Decke ist doch wundervoll!« ruft die Großmutter mit blitzenden Augen und zieht eine golddurchwirkte Spitzendecke aus der Tiefe.
Die Kinder sehen andächtig auf das Kunstwerk. Franca faßt mit ihren schmutzigen Händchen vorsichtig nach der Decke.
»Wollen Sie die kaufen?« fragt Carla.
»Nein, die ist zu teuer«, sagt die Großmutter und wirft die Decke achtlos auf den Haufen zurück.
Schwarze Finger greifen nach der Decke. Eine Zigeunerin breitet sie behutsam aus.
»Die ist schön«, sagt die Großmutter zur Zigeunerin.
»Serr schön«, meint die, »und viel Arrbeit!«
»Aber teuer«, seufzt die Großmutter.
»Nicht teuer für Arrbeit!« Die Zigeunerin erklärt der Großmutter, wie die Goldfäden eingezogen werden. Die hört aufmerksam zu.
Franca zieht derweil Strumpfpaare auseinander. Die Kleinen machen Ledertaschen auf, holen Spiegel raus, betrachten sich ausführlich darin, stopfen sie wieder zurück, alle in ein Täschchen, bis es klemmt.
Rici und Paul streiten sich um das Täschchen.

Sie ziehen und zerren, bis ein Spiegel auf den Boden fällt und zerbricht.

»Santo Celo!« schimpft die Großmutter. »Euch kann man nirgendwohin mitnehmen! Legt ihr gleich wieder die Sachen ordentlich hin, ihr unnütze Bande!«

Die Verkäuferin taucht hinter dem Wagen auf, eine dicke energische Frau.

Maria zahlt ihr 200 Lire für den zerbrochenen Spiegel.

»Und die Decke?« fährt sie die Großmutter an. Die bückt sich mühsam, um die Spiegelscherben aufzuheben.

»Welche Decke?« fragt sie erstaunt.

»Die goldene!« faucht die Verkäuferin. »Ich hab' genau gesehen, wie sie sie in die Tasche gesteckt hat!«

»Ich soll die Decke in meine Tasche gesteckt haben?« ruft die Großmutter entrüstet. »Da war doch eben eine Zigeunerin!«

»Ich seh' keine Zigeunerin! Wo ist die Zigeunerin?« schreit die dicke Frau aufgebracht.

»Natürlich war eine hier! Wir haben sie alle gesehen«, mischen sich die anderen ein.

»Tino, such die Zigeunerin!« bittet ihn seine Mutter. »Die kann doch nicht weit sein!«

Die Zigeunerin ist spurlos verschwunden.

»Immer sollen's die Zigeuner gewesen sein!«

schimpft die Verkäuferin. »Dabei klaut ihr alle wie die Raben. Ihr steckt unter einer Decke, das seh' ich doch! Aber ich bin nicht so blöde, darauf reinzufallen!«

Die dicke Frau wird puterrot im Gesicht. »Ich hab' genau gesehen, wie sie die Decke in die Tasche gesteckt hat!« schreit sie mit überschlagender Stimme. »Ich hol' die Polizei!«

Leute bleiben stehen und stellen sich um die streitenden Frauen.

»Geben Sie die Tasche her!« sagt die Verkäuferin gebieterisch und greift nach Großmutters Tasche. »Wir werden ja sehen, ob sie drin ist. Geben Sie die Tasche her!«

»Nein«, sagt die Großmutter energisch und preßt die Tasche an den Bauch. »Meine Tasche geht Sie nichts an!«

Die Verkäuferin zieht an den Henkeln. Die Großmutter hält die Tasche fest.

Immer mehr Menschen bleiben stehen, stellen sich lachend um die kämpfenden Frauen.

Da gelingt der Verkäuferin ein harter Griff. Sie reißt am Henkel, das Schloß springt auf und die goldene Decke quillt aus der Tasche.

Die Großmutter steht versteinert. Sie weiß nicht, welch dunkle Mächte da im Spiel waren. Die Kinder konnten's nicht gewesen sein, die waren mit anderem Unsinn beschäftigt, und sie war unschuldig, das wußte sie. Ihre Verlegenheit verwandelt sich in kalte Wut.

»Da haben Sie die Decke!« faucht sie und wirft die Decke auf den Haufen. »Ich weiß nicht, wie sie in meine Tasche gekommen ist.«

»Vielleicht hat die Zigeunerin sie reingesteckt«, meint Maria sanft.

»Die Zigeunerin«, höhnt die Verkäuferin, »hat sie ihr in die Tasche gesteckt, als Almosen für eine arme Frau. Da, schauen Sie die Decke an! Die ist schmutzig und zerrissen.«

»Wo ist sie schmutzig? Wo ist sie zerrissen?« faucht die Großmutter.

Die Umstehenden drängen näher. Alle wollen die Decke sehen.

Da kommt Giorgio, groß und breit schlendert er durch die Menschenmenge.

»Papa!« Rici läuft seinem Vater entgegen.

›Mein Schwiegersohn‹, denkt die Großmutter. Eine Welle der Beruhigung steigt in ihr auf. Sie spürt seine junge Männlichkeit wie einen schützenden Mantel. Sie weiß nicht, wie er ihr helfen wird, aber *daß* er ihr helfen würde, fühlt sie. Er würde sich nicht einschüchtern lassen von dem Weib, von der neugierig starrenden Menschenmenge. Giorgio, der war noch nicht abgewetzt vom Leben!

›Dick wird man im Alter‹, denkt sie bitter, ›aber

die Haut wird dünn. Da ist keine schützende Fettschicht mehr. Und unter die Falten, unter die dünne Haut kriecht die Angst und macht die alten Leute hilflos und böse. Aber jetzt kommt Giorgio!‹ Sie sieht ihm entgegen. Alle sehen ihm entgegen, auch die Verkäuferin.

Giorgio scheint seinen Auftritt zu genießen. Rici auf dem Arm, kommt er langsam näher, lachende ruhige Heiterkeit.

»Ciao, Mama«, sagt er fröhlich. »Soll ich dir die Decke kaufen?«

»Nein«, zischt die Großmutter, »jetzt will ich sie nicht mehr!«

»Aber du wolltest sie doch? Schau, ich schenk' sie dir.«

»25 000«, sagt die Verkäuferin.

»20 000 steht auf dem Zettel«, meint Giorgio, »und 1000 gehen ab für die Flecken.«

»Für die Flecken, die *sie* gemacht hat?« Die Verkäuferin zeigt mit ihrem dicken Finger auf die Großmutter.

»Ich würde Ihnen raten, das Geschäft schnell zu machen, bevor ich es mir anders überlege!« Giorgios Augen werden schmal und kalt. Er schiebt die Scheine vor sie hin.

Sie sieht böse zu ihm auf und steckt das Geld eilig in die Tasche.

Giorgio nimmt die Decke, hängt sich bei seiner

Schwiegermutter ein und führt sie durch die Menge, die stumm auseinandergeht. Maria und die Kinder folgen.

›Ein stattlicher Zug‹, denkt die Großmutter, ›den ich da hinter mir herziehe.‹

Nach einer Weile sagt Maria: »Das versteh' ich nicht. Warum hat die Zigeunerin der Oma die Decke in die Tasche gesteckt?«

»O, heilige Unschuld!« lacht Giorgio. »Hast du immer noch nicht gemerkt, daß die zwei zusammengearbeitet haben? Die warten doch nur auf so harmlose Gemüter wie unsere Mama, sonst würde das Geschäft stagnieren. Alle würden die goldene Pracht bewundern, aber kaum einer würde sie kaufen. Da muß man schon ein bißchen nachhelfen.«

»Ich hätte sie nicht gekauft!« ruft die Großmutter.

»Auch nicht, wenn ein Carabinierie sich erkundigt hätte, wie sie in deine Tasche gekommen ist?«

»Jetzt mag ich die Decke gar nicht mehr«, sagt sie und wischt sich über die Augen.

»Mama, wie alt mußt du noch werden, bis du dich an die Schlechtigkeit der Welt gewöhnst?«

»Daran werd' ich mich nie gewöhnen, nie, nie! Hörst du?« Die Großmutter stampft mit dem Fuß auf.

»Soll ich dir was verraten?« zwinkert Giorgio. »Ich hab' der feinen Dame einen ungültigen

Tausender angedreht. Den wollte ich schon lange loswerden, und sie hatte es so eilig, das Geld einzuschieben.«

Da lacht die Großmutter, bis ihr die Tränen kommen und sie sich wieder die Wangen wischen muß.

Anna wartet im Auto.

Alle erzählen ihr die Geschichte. Dabei reden alle durcheinander. Anna hält sich lachend die Ohren zu.

Rici weiß nicht recht, worum es ging. Er hat eingeklemmt zwischen den Menschen gestanden. Die Erwachsenen haben so schnell und aufgeregt über ihm geredet, daß er nicht alles verstanden hat, aber daß sein Vater geholfen hat, weiß er. Sein Vater ist gekommen, und alles ist klar und einfach gewesen.

Rici legt seine kleinen Arme um den breiten Nacken des Vaters. Er fühlt sich sicher und geborgen.

Die Sphinx an der Schreibmaschine

Zuhause werden die Katzen vom Tisch gejagt, den Hunden ein Strumpf entrissen.

Anna breitet die goldene Decke auf dem Tisch aus.
»Schön!« sagt sie lachend.
Carla meint Spott in Annas Stimme zu hören.
»Aber hier kann die Decke nicht bleiben!« ruft die Großmutter entsetzt. »Da müssen wir doch essen!«
Die Decke wird über den kleinen Tisch vor dem Sofa gelegt. Sie hängt bis auf den Boden. Die Katzen zupfen an ihr, die Hunde legen sich drauf, und als sie später am Tisch sitzen, brennt die Großmutter mit ihrer Zigarette ein Loch in die goldene Decke.
Alle lachen, auch die Großmutter lacht.
Sie setzen sich an den Eßtisch.
Tino bringt Wurst und Käse, dann verschwindet er.
Giorgio ißt und ißt.
»Wenn ich einmal anfange zu essen«, sagt er zu Carla, »dann hör' ich nicht mehr auf – bis nichts mehr da ist. Das ist so eine Angewohnheit. Was machen die Geister?« fragt er dann seine Schwiegermutter mit vollem Mund. Noch ehe sie antworten kann, schluckt er ein großes Stück Salami und erklärt dem jungen Mädchen: »Meine Schwiegermutter nimmt neuerdings Stimmen aus dem Jenseits auf Tonband auf.« Er grinst zu Anna hinüber.

»Das ist wahr!« ruft die Großmutter. »Man hört sie ganz deutlich. Soll ich dir das Tonband vorspielen?«
»Wir glauben's ja!« wehrt Anna ab.
»Sie sagen zwar nichts Vernünftiges«, räumt ihre Mutter ein, »aber sie reden.«
»Könnten's nicht vielleicht auch Amateursender sein?« Giorgio schiebt sich ein neues Stück Salami in den Mund.
»Ach, Unsinn!« Seine Schwiegermutter stampft mit dem Fuß auf.
»Laß doch der Mama ihre Geister!« beschwichtigt Anna.
Maria kommt mit Paul auf dem Arm. Sie hatten unten gegessen. Paul und Rici krabbeln aufs Sofa, schmiegen sich eng aneinander. Sie plappern noch ein paar unverständliche Sätze und schlafen schnell ein. Franca drängt sich zu ihnen.
»Eigentlich sollte sie richtig ins Bett gehen«, murmelt die Großmutter. Aber Franca ist schon eingeschlafen.
»Romano kommt mitten in der Nacht«, sagt Maria unglücklich, »und soll um vier schon wieder weg.«
»Er ist Lastwagenfahrer«, erklärt Giorgio dem jungen Mädchen. »Ein Mistberuf – besonders für die Ehefrau. Nur meine Schwiegermutter

findet den Beruf fabelhaft. Dabei kann sie nicht mal Auto fahren.«

»Ist dein Beruf vielleicht besser?«

»Auch nicht viel«, lacht er, »aber ich kann mit hübschen blonden Mädchen unter Büschen spazierengehen und Gärten planen, die dann ihr Papa bezahlen muß.«

»Angeber!« grinst Anna und wirft ihre langen schwarzen Haare zurück.

»Lastwagenfahrer ist wirklich mein Traumberuf«, sagt die Großmutter beharrlich.

»Ja, ich weiß«, seufzt Anna, »als du noch ein artiges kleines Mädchen warst, mit weißem Krägelchen und einer Schleife auf dem Kopf, da standen die Lastwagen an deinem Schulweg. Da hast du von großen Reisen geträumt, von Abenteuern. Aber warum wolltest du ausgerechnet mit so einem rumpeligen Lastwagen fahren und nicht lieber fliegen?«

»Das war noch nicht üblich. Das war nur was für ganz reiche Leute.«

»Und wolltest du nicht reich werden?«

»Doch – aber ich hatte wohl schon damals wenig Hoffnung«, lacht die Großmutter.

»... und das große Abenteuer endete in der Po-Ebene an der Schreibmaschine«, spottet Giorgio.

»Ja, da wollte ich bestimmt nicht hin. In dieses

grauslige Industrienest, in dem die Luft rosa ist und die Kinder sterben.«

»Bis jetzt sehen sie noch ganz gesund aus«, Giorgio sieht lachend auf die drei Kleinen, die eng umschlungen auf dem Sofa schlafen.

»Aber das Fenster könntest du trotzdem mal ab und zu aufmachen!«

Giorgio öffnet die Fensterflügel weit und lehnt sich hinaus: »Nein, die Luft ist wirklich nicht gut. Da ist sie bei uns oben auf dem Berg schon besser!«

»Und als ich vor zehn Jahren sagte, die Luft sei hier rosa und giftig, habt ihr mich alle ausgelacht. Heute lacht keiner mehr!«

»Ja«, schmunzelt Anna, »unsere Mama ist das Orakel von Delphi. Sie liest keine Zeitung, hört kein Radio, sitzt immer nur an der Schreibmaschine und weiß alles zehn Jahre im voraus.«

»Du brauchst dich gar nicht über mich lustig zu machen!«

»Tu ich nicht«, sagt Anna und legt ihrer Mutter versöhnlich den Arm um die Schulter.

»Da!« Sie zieht ein Foto aus dem Bücherregal und reicht es dem jungen Mädchen. »Sie war wirklich ein hübsches Kind, meine Mama, viel hübscher als ich und viel gescheiter. Sie hat sogar studiert und ist aus einer ganz feinen Familie. Da wimmelt's nur so von Generälen und fürstlichen

Leibärzten.« Anna lacht. »Die waren schon Ärzte, als die Medizin noch gar nicht erfunden war.«

»Laß doch den Quatsch!« knurrt ihre Mutter. Carla sieht ungläubig von dem artigen Mädchen auf dem Foto zur Großmutter und wieder auf das Foto zurück.

»Solche jungen Mädchen gibt's gar nicht mehr«, sagt Giorgio bedauernd.

»Warum?«

»Ich weiß nicht, siehst du das nicht? Die sehen doch alle ganz anders aus. Die haben so einen kiebigen Zug um die Nase, als hätten sie immer Angst, zuwenig zu bekommen im Leben.«

»Hattest du keine Angst, zuwenig zu bekommen?«

»Ich weiß nicht mehr, was ich damals dachte. Das ist schon so lange her. Laß doch das alte Foto!« Sie steckt es zurück ins Bücherregal.

»Aber mit einer deiner Weissagungen hast du nicht recht behalten«, kommt Anna auf das alte Thema zurück. »Du hast immer gesagt, Romano würde ein großer Wissenschaftler werden. Und was ist er geworden? Lastwagenfahrer.«

»Vielleicht wird Tino Wissenschaftler. Der hat das Zeug dazu.«

»Wenn er nicht vorher in Hausarbeit erstickt!«

»Der überanstrengt sich wirklich nicht!« wehrt sich die Großmutter.

»Aber er kocht, kauft ein und kümmert sich ums Gröbste, wie Romano früher. Wir Mädchen waren nie so blöde!« lacht Anna zu dem jungen Mädchen hinüber. »Gina hat die Mama angeschrien, und ich hab' sie ausgelacht.«

»Ausgelacht hast du mich nie, aber du warst immer lustig. Mit dir war's nie kompliziert.«

»Gina und Mama müssen streiten«, zwinkert Anna dem jungen Mädchen zu. »Wenn sie sich sehen, streiten sie. Das war immer schon so. Wenn sie müde sind, werden sie wach, um zu streiten. Dabei lieben sie sich, glaube ich, im Grunde ihres Herzens, aber bis sie sich das mal sagen, da müßte schon eine von beiden im Sterben liegen. Ciao, Mama, wir müssen gehen!« Anna umarmt ihre Mutter, der keine Zeit bleibt, sich über Gina zu äußern.

»Kommen Sie!« sagt Anna zu dem jungen Mädchen. »Wir bringen Sie schon unter.«

Die Großmutter wirft ihr einen dankbaren Blick zu.

Giorgio nimmt seinen schlafenden Rici auf den Arm. Der schreit und strampelt erschreckt.

»Im Auto beruhigt er sich schon«, meint sein Vater gelassen. Tatsächlich schläft Rici auf dem Rücksitz gleich wieder ein und tritt nur ab und zu im Schlaf nach dem Mädchen an seiner Seite. Carla betrachtet von hinten Annas lange schwarze Haare. Ihre Nase ist zu groß und ihre Augen zu klein, findet sie. ›Warum ist sie eigentlich so hübsch? Und warum liebt sie ihr Mann? Sie ist gar nicht besonders nett zu ihm. Wenn ich so einen Mann hätte ...‹

Mit einem Seufzer der Erleichterung schließt die Großmutter das Gartentor und setzt sich an die Schreibmaschine. Draußen bellen die Hunde im Zwinger. Franca seufzt im Schlaf. Die Großmutter nimmt sie vorsichtig vom Sofa auf und trägt sie ins Bett. Franca schläft fest. Dann setzt sie sich wieder an die Maschine.
Marias kleines Hündchen spielt um ihre Beine. Es sieht fast wie ein Pinscher aus, mit seinen riesigen Fledermausohren und dem winzigen Gesichtchen. Romano hat es auf einer seiner Fahrten aus dem Wasser gefischt. Das Hündchen hatte damals einen abgerissenen Strick um den Hals und zitterte erbärmlich. Romano schenkte es Maria, aber meistens treibt es sich oben bei der Großmutter herum und spielt mit den anderen Hunden.
Die unten im Zwinger jaulen noch ab und zu. Still ist's im Haus, nur die Schreibmaschine klappert eintönig.

Mitten in der Nacht kommt Romano heim. Das Tor quietscht. Der schwere Lastwagen fährt in den Hof. Dann ist alles wieder still.
Die Großmutter wirft sich in ihren Kleidern aufs Bett und schläft kurz und traumlos.

Hunde und Katzen

Am Vormittag steht Anna am Gartentor. »Kann ich Rici noch mal bei euch lassen? Ich muß in die Stadt. Das Mädchen hab ich auch mitgebracht«, deutet Anna hinter sich aufs Auto, »ich kann nichts mit ihr anfangen.«
»Und was soll *ich* mit ihr?« fragt die Großmutter.
»Setz sie in eine Ecke! Wir holen sie abends wieder.«
Anna läßt die Großmutter mit den beiden allein, hält dann aber noch einmal an. »Brauchst du was aus der Stadt?«
Als die Großmutter dankend ablehnt, startet sie und fährt winkend davon.
Rici läuft zu Paul und Maria.
»Setzen Sie sich!« sagt die Großmutter müde zu Carla. »Sie können ruhig Radio hören. Das stört mich nicht. Ich bin Lärm gewöhnt.«
»Werden Ihnen die Hunde und Katzen nicht zuviel?« fragt das junge Mädchen, das sich ver-

geblich gegen drei hopsende Hunde wehrt und eine schlafende Katze vom Sofa heben muß, um sich hinzusetzen.

»Natürlich werden sie mir zuviel«, faucht die Großmutter, »sie sind mir *ständig* zuviel! Aber was soll ich machen?« Sie zuckt die Achseln. »Die Katzen vermehren sich von selbst, und die Hunde bringt mir so eine Tante vom Tierschutzverein. Dabei sag ich ihr jedesmal, daß ich sie nicht brauchen kann! Das stört die gar nicht! Wollen Sie einen haben? Ich geb' alle her, nur meinen alten Bimbo nicht. Die anderen können Sie haben. Aber die mag ja keiner!« Sie setzt sich wieder an die Schreibmaschine. »Bis morgen muß das neue Heft fertig sein.«

Carla vertieft sich in herumliegende Illustrierte. Zwischen Reisauflauf und Reistorte denkt die Großmutter: ›Der unabgeräumte Tisch stört die wohl gar nicht?‹

Doch als hätte das Mädchen die Gedanken der Großmutter erraten, fragt es nach einer Weile: »Kann ich was helfen?«

»Sie könnten das Bad wischen!«

Das junge Mädchen verschwindet.

»Aber lassen Sie die Katzen nicht ins Bad!« ruft ihr die Großmutter nach.

Die Badewanne ist vollgestopft mit schmutziger Wäsche. Am Waschbecken fehlt eine Ecke. Im

Bidet schwimmt ein einsamer Goldfisch. Carla läßt ihm frisches Wasser nachlaufen und betrachtet sich im Spiegel.
Annas Lippenstift ist nicht so gut, findet sie. Sie probiert den der Großmutter und noch einen, der daneben liegt, dann kämmt sie sich lange die dünnen Haare. Schließlich geht sie zurück ins Wohnzimmer: »Ich finde keinen Lappen.«
»Schauen Sie in der Küche nach!«
In der Küche stapelt sich das schmutzige Geschirr auf den Stühlen, auf dem Tisch, im Spülbecken, auch die Küchenkommode ist damit vollgestopft. Auf dem Tisch liegen frisch eingekaufte Lebensmittel achtlos zwischen den schmutzigen Tellern. Eine Katze ist dabei, den Kochtopf leer zu fressen.
»Da finde ich nichts«, ruft das junge Mädchen, »da ist so ein Durcheinander, und eine Katze frißt aus dem Kochtopf!«
»Ach du Schande!« sagt die Großmutter, ohne sich zu erheben, »lassen Sie's, ich mach's nachher.«
Carla blättert wieder in den Illustrierten.

Romano kommt herauf, unrasiert und übernächtigt. Er sucht eine Zigarette.
Romano gießt sich und dem jungen Mädchen etwas zu trinken ein.

Das junge Mädchen erzählt ihm, daß sie auf Gina wartet, daß Gina sie vorausgeschickt hat, denn zu Hause könne sie nicht mehr bleiben. Gina wolle ihr hier etwas vermitteln. Darauf setze sie ihre Hoffnung.
›Hat sie mir das auch erzählt?‹ denkt die Großmutter, ›dann hab ich nicht zugehört.‹
Sie schaltet ab, konzentriert sich auf ihre Kochrezepte. Das Gespräch hinter ihr geht an ihr vorbei.
Beim Seitenwechseln horcht sie noch mal kurz auf. Das junge Mädchen erzählt von seinem strengen Vater, von der komplizierten Bindung. Die Großmutter wundert sich über die ungewohnte Beredsamkeit. ›Bei uns hat sie kaum den Mund aufgemacht! Auch Romano ist so gesprächig.‹
Die zwei zögern, merken die Stille, sprechen leiser.
›... zwei Löffel Mehl, eine Tasse Milch. Da fehlt doch was. Hab' ich da was vergessen?‹
Die Großmutter vertieft sich wieder in ihre Kochrezepte.

Ordnung und Unordnung

Am Abend kommt Anna. Sie packt Rici und das junge Mädchen ins Auto.

»Mama!« ruft sie. »Ich hab' was Schönes eingekauft. Komm mit uns rauf essen! Giorgio bringt dich später wieder heim.«

»Ich hab' doch gar keine Zeit«, seufzt die Großmutter.

Anna und Giorgio nehmen sie, jeder an einem Arm, und ziehen sie aus der Wohnung.

»Halt, halt! Ich brauch' doch noch meine Tasche, und wo ist Franca?«

»Die sitzt schon im Auto. Wenn's was zu unternehmen gibt, ist sie immer dabei!«

»Tino!« ruft die Großmutter. »Wenn man den Kerl braucht, ist er nicht da!«

»Franca und die Tasche genügen«, entscheidet Anna, »Tino kann für sich selber sorgen.«

Sie ziehen die Großmutter lachend ins Auto. Die sitzt so gern in Annas Auto, fährt so gern aus ihrem Vorort durch die malerische Altstadt und die winkeligen Gassen den Berg hinauf zu Annas kleiner Wohnung. Die Großmutter fühlt sich frei hier.

›Früher‹, denkt sie, ›war ich immer der Ansicht, Ordnung und Freiheit seien Gegensätze. Sind sie ja auch. Je größer die Ordnung, desto geringer ist die Freiheit, und doch leidet auch wieder die Freiheit, wenn die Unordnung überhandnimmt, zumindest auf kleinem Raum. Und wie ist's im Großen?‹ Sie spielt im Geist mit den Worten, setzt sie zusammen, verwirft sie wieder. ›Freiheit ohne Ordnung? Da regiert der Starke. Der Schwache wird unterdrückt. Ordnung ohne Freiheit unterdrückt alle. Eine ordentliche Freiheit ist ein Widerspruch in sich. Eine freie Ordnung? Wo bleibt die Ordnung, wenn sie ganz frei ist? Bliebe nur die geordnete Freiheit, und die ist sehr schwer zu verwirklichen. Schaff' ich's doch schon nicht in meinem winzigen Häuschen!‹

Anna macht sich gleich an die Vorbereitungen fürs Abendessen. Das junge Mädchen schält Kartoffeln.
»Bei dir tut sie das«, sagt die Großmutter bewundernd.
»Bei mir springen die Hunde ja auch nicht auf den Tisch, sondern bleiben im Garten, auch wenn alle Türen offenstehen.«
»Auf den Tisch springen nur die Katzen. Außerdem ist das ganz was anderes!«
»Glaubst du wirklich?« Anna sieht die Mutter an, eine Augenbraue hochgezogen, halb Ernst, halb Lachen im Gesicht.

Nach dem Abendessen setzt sich Giorgio ans Klavier. Franca und Rici klimpern zu zweit auf dem anderen Klavier herum, bis Anna Rici unter Gezappel und Geschrei ins Schlafzimmer zieht. Im Schlafzimmer singt er noch lange laut und falsch.

Anna setzt sich zu ihrer Mutter. Sie blättern in Modezeitschriften, streiten und amüsieren sich über die neuesten Modelle.

Franca malt den Damen Bärte, und wenn ihr einer besonders gelungen scheint, lacht sie schallend und hält das Heft jedem unter die Nase. Auch Giorgio, der am Klavier phantasiert, muß sich jede bärtige Dame ansehen und mit Franca lachen.

»Spielen Sie nie nach Noten?« fragt das junge Mädchen, das ihm aufmerksam zuhört.

»Nein«, sagt Giorgio, »ich improvisiere lieber. Wenn mir eine Frau zuhört, könnte ich die ganze Nacht spielen!«

»Wie gut, daß ich so unmusikalisch bin«, meint Anna trocken, »da kommst du wenigstens ins Bett.«

»Es ist schon schrecklich, so eine verständnislose Frau zu haben«, grinst Giorgio. Er improvisiert über ein Thema, das dem jungen Mädchen bekannt vorkommt. Das Thema verschwindet immer mehr, die Variationen wuchern, überwuchern, werden immer eigenwilliger, bilden ein neues Thema. Giorgios Spiel ist von unendlicher Traurigkeit.

Auch Anna und die Großmutter haben ihr Journal zur Seite gelegt und hören zu.

Da bricht Giorgio mitten im Spiel ab, wirft seine breiten Hände auf die Tasten, daß das Klavier bebt.

»Ich kann nicht«, sagt er traurig, »ich schaff's nicht mehr! Sehen Sie sich diese abgearbeiteten Pfoten an! Ich kann die Tasten nicht mehr greifen. Es geht nicht mehr!«

Anna ist aufgestanden. Sie legt ihm ihre dünnen Arme um seine breiten Schultern, streicht ihm übers Haar und beugt sich zu ihm hinunter. Ihr junges Gesicht sieht plötzlich spitz, fast alt aus. Ihre schmalen Lippen sind zusammengepreßt.

Giorgio mag seine Arbeit ganz gern. Mit Annas Hilfe will er eine Firma aufbauen, selbständig und unabhängig sein. Doch unabhängig – wofür? Daß ihm dieser Beruf bis in die Freizeit, bis ans Klavier wie eine dicke Kröte nachschleichen würde, das hatte er nicht geahnt. Er schaut zu Anna auf: »Ich hätte Friseur werden sollen, das macht die Hände nicht so kaputt!«

»Du – Friseur?« lacht seine Schwiegermutter. »Da hätten die Damen einen schönen Schreck bekommen!«

Anna lacht nicht. Die beiden sehen sich an wie zwei verlorene Kinder.

Die Flucht

Am nächsten Tag ist Carla immer noch da.
»Wie lange bleibt die denn noch?« fragt Anna.
»Ich glaube, sie wartet auf Gina.«
»Und sonst fällt ihr nichts ein?« seufzt Anna, die gerne wieder mit ihrem Mann allein im Bett geschlafen hätte, ohne den zappelnden Rici.

Romano und das junge Mädchen stehen auf der Treppe. Romano ist frisch rasiert und duftet nach Rasierwasser.
»Hat Romano heute keinen Dienst?« fragt die Großmutter beim Hundefüttern Maria.
»Ich weiß nicht«, sagt diese verwirrt und unglücklich. »Mir kommt das komisch vor.«
›Da stimmt was nicht‹, denkt die Großmutter, ›ich muß mich darum kümmern.‹
Doch da kommt Franca aus der Schule. »Ich hab' eine Puppe gesehen. Eine riesige Puppe! Die mußt du mir kaufen!«
»Warte, bis deine Mama kommt«, sagt die Großmutter, »die kauft sie dir vielleicht.«
»Die Mama muß *heute* kommen, jetzt gleich!«

schluchzt Franca. »Ich hab' doch Geburtstag!«
Die Großmutter sieht auf den Kalender. Hat sie wirklich den Geburtstag vergessen?
»Du hast keinen Geburtstag heute«, sagt sie erleichtert. »Warte bis zum Samstag! Da kommt deine Mama.«
»Ich will aber nicht warten! Ich kann nicht warten!« Franca stampft mit dem Fuß auf. »Bis Samstag ist die Puppe weg! Ich will zu meiner Mama! Ich fahr' zu meiner Mama!« schluchzt sie.
»Das geht nicht«, beruhigt sie die Großmutter, »du mußt bis Samstag warten!«
»Ich will zu meiner Mama! Meiner Mama!« schreit Franca und rennt weg.
»Tino, schau, was sie macht!« ruft die Großmutter.
»Die steht heulend auf der Straße. Aber wieso ist Romano da? Arbeitet der heute nicht?«
»Ich weiß auch nicht«, schüttelt die Großmutter den Kopf. Maria fällt ihr wieder ein und ihr unglückliches Gesicht.
»Ich frag' ihn«, ruft Tino, schon auf der Treppe. Plötzlich ist's ganz still im Zimmer.
Nur die beiden Kleinen spielen friedlich mit Autos auf dem Fußboden.
Maria kommt die Treppe herauf, ganz langsam. Sie ist schneeweiß: »Romano ist mit dem jungen Mädchen weggefahren!«

Die Großmutter versteht kaum. »Ist das wahr?« fragt sie Tino.

Der nickt: »Ich hab' gesehen, wie sie weggefahren sind.«

»Vielleicht sind sie nur spazierengefahren«, meint die Großmutter. »Die kommen sicher bald wieder!«

»Die kommen nicht wieder!« bricht es aus Maria heraus. »Die kommen nie wieder. Nie, nie! Verstehst du? Aber du kümmerst dich ja um nichts! Du fragst ja nicht, was die da will? Dir ist alles gleich! Wir können vor die Hunde gehn. Du merkst es gar nicht! Du kennst nur deine Schreibmaschine, deine verdammte Schreibmaschine!«

Sie reißt den eingelegten Bogen aus der Maschine, zerfetzt ihn in lauter kleine Stückchen, wirft sie auf den Boden und tritt darauf herum. Die beiden Kleinen halten das für ein Spiel, holen sich den Stapel Papier, der neben der Schreibmaschine liegt, und zerfetzen ihn jubelnd. Die Großmutter preßt die Hände vor den Mund. Heute abend mußte das Heft fertig sein!

Da bricht Maria in hemmungsloses Schluchzen aus, reißt ihren kleinen Paul auf den Arm. Der legt seiner Mutter die Händchen um den Hals und weint mit ihr.

Sie läuft mit ihm die Treppe hinunter und sperrt sich in ihrer Küche ein.
Die Großmutter kniet auf dem Boden und sammelt die Papierfetzen auf.

Die feine Dame aus Mailand

In den nächsten Tagen muß die Großmutter das zerfetzte Heft abschreiben. Sie hat ein paar Tage Aufschub erbeten, hat plötzliche Krankheit vorgeschützt. Das neue Heft liegt schon da.
Die Dame in der Mailänder Redaktion, mit der sie telefoniert, ist sehr entrüstet: »Solche Unregelmäßigkeiten können wir uns nicht leisten! Das bringt die Druckerei in die größten Schwierigkeiten. Sie wissen, die Termine sind lange genug!«
»Ja«, sagt die Großmutter und schnaubt hart durch die Nase.
»Das nächste Heft muß dann entsprechend schneller fertig werden!« meint die Dame kühl.
»Auch das!« sagt die Großmutter und knallt den Hörer auf die Gabel. Die Dame hört es nicht. Sie hat schon eingehängt.
»Und daß ich nie Urlaub machen kann, seit zwanzig Jahren nicht weggefahren bin, weil immer ein neues Heft daliegt und sie mir jedesmal

drohen, dann müßten sie sich eben nach einer neuen Übersetzerin umsehen. Die Damen stünden ja Schlange bei ihnen, würden sich darum reißen. Und daß ich ihnen ihre verdammten Hefte immer pünktlich abgeliefert habe, trotz Kindern, Umzügen und Krankheiten. – Das hat das Schätzchen ganz vergessen!«

Die Großmutter geht zum Schrank, gießt sich Schnaps ein, trinkt ihn auf einen Zug. Sie verschluckt sich, muß husten. Die Nase läuft, die Augen tropfen, aber die schlimmste Wut ist verraucht. Sie setzt sich an die Maschine.

›Was macht wohl Maria jetzt?‹ denkt sie, während sie eine halbzerfetzte Seite abschreibt. Maria ist kaum zu sehen. Sie geht der Großmutter aus dem Weg, sieht blaß und verweint aus. Einmal sind sie sich auf der Treppe begegnet. Maria hat mechanisch ihr sonst so freundliches: »Guten Morgen!« gesagt. Und noch bevor die Großmutter etwas hat sagen können, ist Maria in ihrer Küche verschwunden und hat die Tür hart hinter sich zugemacht.

›Ich versteh' ja, daß sie nicht mit mir reden will, schließlich bin ich Romanos Mutter. Vielleicht gibt sie auch mir die Schuld, daß alles so gekommen ist? Wenn sie wenigstens mit Anna reden könnte, aber mit Anna versteht sie sich nicht so gut. Und sonst hat sie niemand, keine Freundin.

Sie ist so allein. Zu ihrer Familie kann sie auch nicht gehen. Früher, wenn sie mit Romano gestritten hat, hat sie manchmal gedroht, sie würde zu ihrer Familie gehen. Da hat Romano sie ausgelacht und sie daran erinnert, daß sie doch gar keine Familie habe. Ich hab' ihm damals erklären wollen, daß er das nicht sagen dürfe, aber er hat's nicht eingesehen. Er ist wohl noch zu jung. Ich konnte ihr gut nachfühlen, daß sie eine Familie brauchte, einen Schutz, eine Zuflucht. Und weil sie keine hatte, mußte sie sie erfinden.

Wenn sie da raufgefahren wäre, in das Dorf zu ihren Leuten, zu ihrer Mutter und dem Stiefvater. Die wüßten nichts mit ihr anzufangen. Die würden sie schnell wieder runterschicken. Sie haben sie ja auch, als Kind, ins Waisenhaus gegeben‹, denkt die Großmutter bitter.

Sie muß immer an Maria denken, während sie die langweiligen Kochrezepte schreibt.

Dann gibt sie sich einen Stoß, geht hinunter zu Marias Küche und klopft.

Maria macht auf, wischt sich mit dem Schürzenzipfel über die Augen. Sie ist freundlich und kühl. Die Großmutter sieht in Marias blasses, rundes Gesicht. Maria sieht schlecht aus, aber irgendwas hat sich in ihrem Gesicht verändert: Das Schüchterne, fast Beflissene ist verschwunden. Sie ist, in ihrem einsamen Kummer, endgültig erwachsen geworden.

Die Großmutter sieht in Marias braune Augen. Sie fühlt sich unbehaglich unter diesem ruhigen, traurigen Blick.

»Hat Romano nichts von sich hören lassen?«

»Nein«, sagt Maria.

»Ich versteh' das nicht«, murmelt die Großmutter, »dickköpfig war er immer, und sagen ließ er sich nie was, aber er war immer so ehrlich, so zuverlässig.«

Maria zuckt die Achseln.

»Hast du noch Geld?« fragt die Großmutter.

»Ja«, sagt Maria.

»Wenn du Geld brauchst, komm bitte rauf! Ich hab' wieder welches. Du kannst jederzeit kommen!«

»Danke«, sagt Maria.

Damit ist das Gespräch zu Ende.

Die Großmutter geht durch den kleinen Hof zur Treppe. Sie denkt an Romano und an seinen Vater. Sie spürt ihre Gedanken fast körperlich, wie einen dicken, unentwirrbaren Brei. Sie hat Kopfweh.

Die Luft liegt heiß und stickig auf den Steinen. ›Wenn es heiß ist, fängt die Luft zu stinken an. Warum lebe ich hier? Ich könnte doch genauso

gut in sauberer Luft meine dämlichen Kochrezepte schreiben. Mich zwingt doch niemand, hier zu leben, ausgerechnet hier! Auch Romano könnte irgendwo anders leben. Lastwagen fahren überall. Aber ich weiß ja gar nicht, wo Romano ist! Vielleicht sitzt er ja in sauberer Luft, in einem kleinen Häuschen, einem Blumengarten. So einem Häuschen, wie ich es mir immer erträumt hab'.
Blumengarten? Ach was, der sitzt bestimmt nicht in einem Blumengarten. Der liegt auf einem klapprigen Hotelbett und starrt an die Decke, an der die einzige Lampe baumelt. Trüb und nackt hängt sie da und schwingt hin und her, wenn ein Lastwagen vorbeidonnert. Romano starrt auf die trübe, nackte Lampe und hat seinen ersten Streit mit dem Mädchen. Sicher hat er schon Streit‹, denkt sie halb traurig, halb befriedigt.
›Romano paßt nicht in einen Blumengarten, sowenig wie ich. Die Hunde würden ihn zertrampeln, und die Katzen würden die Blüten abzupfen. Zu mir passen nur die kleinen stachligen Kakteen, die ich vor die Fenster stopfe, damit sie noch schwerer aufgehen. Die Kakteen, die nicht wachsen und nie blühen. Die immer gleich bleiben, nicht tot und nicht lebendig. Vielleicht sollte ich doch mal Kakteendünger kaufen und

richtige Erde. Aber dann müßte ich sie auch noch umtopfen.‹

Ihr Schuh bleibt in dem groben Kies hängen. Sie streift ihn ärgerlich ab, steht mit nacktem Fuß auf den spitzen Steinen. ›Wie die Kinder das machen, immer so rumlaufen?‹ Sie bückt sich nach dem Schuh. Der Schmerz schießt ihr wieder in den Kopf.

Gina und die Männer

Am Wochenende kommt Gina. Maria steht im Hof.
»Ciao, Maria!« ruft Gina ahnungslos.
Maria sieht sie starr an, sieht in ihr grell geschminktes Gesicht, auf ihre gekräuselten Haare, die in einem unnatürlichen Rot Ginas kleines Gesicht wie eine Wollmütze umrahmen.
›Schießbudenfigur‹, denkt Maria verächtlich, dreht sich wortlos um und verschwindet in ihrer Küche.
Gina steht verdattert da, ihre schmalen Schultern nach vorne zusammengezogen, als friere sie.
Franca kommt die Treppe heruntergehüpft und fällt ihrer Mutter um den Hals: »Hast du mir was mitgebracht?« Noch ehe Gina antworten kann, plappert sie aufgeregt weiter: »Brauchst

du gar nicht! Ich hab' eine Puppe gesehen. So eine Puppe!« Franca schlägt in ihrer Begeisterung, wie groß die Puppe sei, Gina ihr ausgestrecktes, mageres Ärmchen ins Gesicht.
»Hoppla!« sagt Franca.
»Was ist mit Maria los?« fragt Gina und reibt sich die Nase, während Franca sie die Treppe hochzieht.
»Ach, die ist sauer, weil Romano weggefahren ist mit der blöden Tante, die du uns geschickt hast.«
»Mit welcher Tante?« fragt Gina verwirrt.
»Na, mit der kleinen Type da, die du der Oma geschickt hast, ist er ab durch die Mitte, verschwunden, weg – und Maria sitzt unten in ihrer Küche und heult.«
Gina läßt sich in den Sessel plumpsen.
»Au!« schreit sie. »Ist der immer noch nicht gepolstert?«
»Na, dich wird er noch aushalten«, meint ihre Tochter schnippisch.
»Mama!« ruft Gina. »Ist das wahr, was Franca erzählt?«
»Ja, leider!« Die Großmutter dreht ihren Schreibtischstuhl um. »Da hast du uns was Schönes eingebrockt!«
»Wieso ich?« wehrt sich Gina. »Was kann ich dafür? Ich wollte ihr helfen, weil sie ein armes Schwein ist. Ich wollte sie hier mit ein paar Leu-

ten zusammenbringen. Konnte ich ahnen, daß sie mit Romano abhaut?«
»Nein.« Die Großmutter steht aus ihrem Stuhl auf. »Nein, das konntest du nicht ahnen, aber wo du hintappst, gibt's Schwierigkeiten. Du hast schon ein seltenes Talent!«
»Fängst du wieder an?« faucht Gina. »Ja, ich weiß schon, weil ich nicht so hübsch bin wie meine Schwester, weil ich ein uneheliches Kind hab' ..., weil ..., weil ... Immer findest du einen Grund! Aber daß ich als Journalistin was kann, das erzählst du nur anderen Leuten, hinter vorgehaltener Hand. Da gibst du an, da schneidest du Zeitungsartikel aus und protzt mit meiner Karriere!«
»Gina«, sagt ihre Mutter, »wir wollen doch nicht gleich wieder streiten!«
»Ich will nicht streiten«, zischt Gina, »aber du zwingst mich ja dazu! Kaum komm' ich heim, fällst du über mich her mit deinen Vorwürfen!«
Franca zupft Gina am Ärmel: »Mama, vergiß vor lauter Streiten die Puppe nicht!«
»Nein, Schätzchen.« Gina zieht Franca auf den Schoß, seufzt über den ungepolsterten Sessel und wiegt Franca in ihren Armen hin und her. »Morgen schauen wir nach der Puppe, und wenn sie nicht zu teuer ist, kaufen wir sie.«
Franca rutscht befriedigt von Ginas Knien.

»Wir wollen uns doch jetzt nicht streiten«, sagt die Großmutter versöhnlich, »wir sollten uns lieber um Maria kümmern!«

»Ich geh' runter!« Gina zieht sich entschlossen aus dem harten Sessel hoch.

»Glaubst du, daß das gut ist?« zweifelt ihre Mutter. »Auf dich hat sie doch sicher den größten Zorn.«

»Hast du denn schon mit ihr geredet?«

»Ich hab's versucht, aber es ging nicht. Sie wollte nicht.«

»Na, dann geh' ich mal«, sagt Gina ergeben. »Irgend jemand muß doch mit ihr reden. Vielleicht hilft's ihr, wenn sie ihren Zorn los wird. Und ich hab' ein dickes Fell, an dir trainiert«, kann sie sich nicht verkneifen.

Die Großmutter schluckt die Bemerkung wortlos.

›Das muß sie ganz schön getroffen haben‹, denkt Gina mitleidig angesichts des ungewohnten Schweigens der Mutter.

»Ich schicke euch Paul rauf, wenn er noch nicht schläft«, ruft sie, schon auf der Treppe.

›Wenn sie da nicht wieder die Rechnung ohne den Wirt gemacht hat?‹ denkt ihre Mutter bei sich.

Aber Paul kommt tatsächlich, im weißen Schlafanzug, mit weißem Teddybär im Arm und

einem undefinierbaren grauen Läppchen, an dem er eifrig kaut. Die blonden Härchen sind hübsch ordentlich nach der Seite gebürstet, so, als hätte Maria ihn gerade ins Bett gelegt und wieder herausgezogen. Vorsichtig und ein bißchen schlaftrunken erklimmt er eine Stufe nach der anderen. Die Großmutter nimmt ihn in die Arme, drückt ihn an ihre breite, weiche Brust.
Einen Augenblick macht sich Paul steif. ›Hat Maria ihn aufgehetzt?‹ stutzt die Großmutter. Doch da kuschelt sich Paul bereits wohlig in ihre Arme. ›Was denk ich für Blödsinn? Das paßt nicht zu mir und nicht zu Maria. Das Kind ist verwirrt und unsicher. Ist ja auch kein Wunder!‹ Die Großmutter ist beschämt. Sie drückt den kleinen Paul fest an sich und trägt ihn, wie früher oft, in Francas Bett.
Franca war schon am Einschlafen. Sie nimmt den kleinen Paul in ihre Arme, als wäre er die neue Puppe.

Gina öffnet leise Marias Küchentür.
»Ich will mit dir reden«, sagt sie vorsichtig.
»Ich wüßte nicht, was wir zu reden hätten?«
Maria steht steif in dem winzigen Vorraum, den sie als Küche benutzt. Der Vorhang zum einzigen Zimmer ist zur Seite gezogen. Das Zimmer

macht auf Gina immer einen beklemmend vollgestopften Eindruck. Im Geist wirft sie all die schäbigen Möbel hinaus, die um das Ehebett stehen. Das Kinderbettchen am Fußende des Ehebettes ist unbenutzt. Paul hat offensichtlich in den letzten Tagen bei der Mutter im großen Bett geschlafen.

Gina nestelt in ihrer Tasche herum, sucht eine Zigarette. »Schau, Maria«, sagt sie unbeholfen, »das konnte ich doch nicht ahnen.«

»Nein«, schluchzt Maria, »das konntest du nicht ahnen. Niemand konnte das ahnen!« Sie bricht auf dem harten Küchenstuhl zusammen und weint bitterlich.

Gina streicht ihr übers Haar. »Wein' dich aus, Maria!«

»Du brauchst mich nicht zu bedauern, du nicht!« fährt Maria hoch. Sie schnaubt sich laut in ihr nasses Taschentuch, stopft es in die Schürzentasche und funkelt Gina aus ihren braunen verweinten Augen böse an.

Gina hält den Blick ruhig aus. »Glaubst du, ich wäre nicht verlassen worden?«

»Ach du, dir ist das doch ganz egal! Du schläfst mal mit diesem und mal mit jenem. Du verläßt ebenso viele wie dich verlassen. Da spielt das doch alles keine Rolle mehr. Da, deine saubere Freundin, das ist auch so eine! Die nimmt sich, was sie braucht, und fragt nicht, was dabei kaputt geht. Wir leben ja in einer Wegwerfgesellschaft. Warum soll man da nicht auch Menschen wegwerfen, wenn man sie nicht mehr braucht? Wie leere Flaschen ... weg damit! Wie leere Flaschen ...« schluchzt Maria.

»Ich bin auch verlassen worden«, sagt Gina, »mit neunzehn Jahren und einem Kind.«

»Na und? Das Kind hat die Oma genommen, und du hast dich arrangiert.«

»Dann arrangiere du dich halt auch! Was bleibt einem anderes übrig?«

»Mir bleibt das nicht übrig! Verstehst du das nicht? Mir würde ein Beruf keinen Spaß machen, wenn ich mein Kind nur am Wochenende sehen könnte.«

»Glaubst du, mir macht das immer Spaß?« fragt Gina bitter.

»Das behaupte ich ja gar nicht!« ruft Maria. »Nichts macht immer Spaß! Aber ich war zufrieden, bei aller Einsamkeit, bei aller Streiterei. Ich war zufrieden mit meinem Mann und meinem Kind. Ich wollte nichts anderes.«

»Aber Romano war anscheinend nicht so zufrieden«, meint Gina nachdenklich.

»Ja, hat er denn nicht gemerkt, wieviel Mühe ich mir gab? Wie schwierig es für mich war, in dieser winzigen Wohnung, mit seiner Mutter über mir, die so stark ist, daß sie einen erdrückt, ohne es zu merken? Glaub mir, ich hab viel nachgedacht inzwischen. Ich hatte ja genügend Zeit. Ich komme einfach nicht drauf, was ich falsch gemacht habe?!«

»Warum sollst eigentlich unbedingt nur *du* was falsch gemacht haben? Kann nicht auch *er* was falsch gemacht haben? Ist es *dein* Privileg, die Ehe zu gestalten?«

»Nein«, stutzt Maria, »natürlich nicht, aber ich hab' doch mehr dafür getan, verstehst du, meine ganze Kraft und Energie eingesetzt, ihm und dem Kind das Leben so angenehm wie möglich zu machen.«

»Und jetzt möchtest du bar dafür bezahlt werden?«

»Sei nicht boshaft!« fährt Maria hoch.

»Ich bin nicht boshaft«, sagt Gina und betrachtet nachdenklich das glimmende Ende ihrer Zigarette. »Ich überlege nur.«

»Möchtest du etwas trinken?« Maria holt Wein aus dem Küchenschrank und gießt ihn in grüne Gläser.

›Scheußliche Gläser‹, denkt Gina. Sie legt den Kopf in die Hände, sieht auf das grüne Geglitzer und versucht ihre Gedanken zu ordnen.

»Weißt du, so einfach ist das nicht. Hier Kraft und Energie und dort die Belohnung. Wenn die

Rechnung so leicht aufginge, würden sich nicht so viele vergeblich plagen.«

»Aber ich liebe ihn doch«, schluchzt Maria.

»Und wenn er jetzt Dummheiten macht, unbeirrt sein Leben lang, was tust du dann?«

»Ich weiß nicht«, seufzt Maria. »Was soll ich machen? Ich hab' ja nichts gelernt. Ich könnte nur als Putzfrau arbeiten.«

»Gut, Putzfrau«, sagt Gina nüchtern, »dann könntest du Paul bei der Oma lassen. Du könntest überhaupt bei der Mama putzen und dir's bezahlen lassen. Da oben wäre so allerhand fällig!«

»Nein, das möchte ich nicht.«

»Kann ich verstehen!« lacht Gina. »Was käme sonst noch in Frage?«

»Muß ich das heute entscheiden?« fragt Maria unsicher.

»Nein, aber warte nicht zu lange. Du mußt jetzt an dich denken!«

»Das kann ich so schwer. Das hab' ich wohl nie gelernt.«

»Dann mußt du's eben lernen!«

»Ich muß immer an Romano denken.«

»Ja«, lacht Gina hart, »und wer ihm die Hemden wäscht? Und wer ihm die Nase putzt, wenn er Schnupfen hat? Glaub mir, das ist kein Mann wert, auch Romano nicht. Das mußt du dir abgewöhnen! Mich hat vorige Woche einer in der Redaktion angerufen, zehnmal, mindestens. Ich war nie da, und die anderen waren schon ganz sauer. Als er mich endlich erreichte und seinen Namen nannte, konnte ich mich nicht erinnern. Da war er ganz entrüstet und meinte, wir hätten doch ein Wochenende miteinander verbracht. ›Na und?‹ hab' ich ihm gesagt. ›Ist das ein Grund?‹«

»Das finde ich scheußlich!« meint Maria.

»Ich auch«, grinst Gina.

»Konntest du dich wirklich nicht erinnern?«

»Zuerst, ehrlich nicht, und dann ging er mir auf die Nerven mit seiner Anruferei, weil er sich so wichtig vorkam, als hätte ich nichts anderes zu tun, als auf ihn zu warten.«

»Ich glaube, du haßt die Männer, und weil du nicht ganz ohne sie auskommst, rächst du dich an ihnen.«

»Da ist was Wahres dran«, sagt Gina und zündet sich eine neue Zigarette an.

»Du bist auch nicht glücklich«, meint Maria nachdenklich.

»Ach, laß das, wir reden doch jetzt von dir.«

»Von mir.« Maria sieht vor sich hin. »Das könnte ich nicht, die Männer hassen. Ich hasse nicht mal Romano. Ich bin böse auf ihn, aber ich hasse ihn nicht. Ich könnte auch nie eine andere Ehe kaputtmachen, nur weil mir das passiert ist. Ich denke manchmal, wenn die Frauen da mehr zusammenhalten würden ... Ich – weiß nicht, wie ich das sagen soll ... Sie wollen doch, daß man *ihr* Leben respektiert, da müßten sie doch auch das Leben der anderen Frauen respektieren, und dann könnte gar nicht so viel Unglück geschehen.«

»Das wäre schön!« lacht Gina bitter. »Aber das fängt schon in der Schule an. Vorher macht die Klasse aus, wenn der Lehrer fragt, wer's war, dann stehen alle auf. Und fragt er dann wirklich, stehen zwei oder drei Blöde auf, und die kriegen's dann aufs Haupt. Mit der Zeit gewöhnt man sich ab, zu den Blöden zu gehören.«

»Ich fürchte«, sagt Maria ernst, »ich werde mir nie abgewöhnen, zu denen zu gehören.«

»Das gibt's«, meint Gina trocken. »Die Mama gehört auch dazu. Die würde heute noch aufstehen, obwohl sie längst weiß, daß alle anderen sitzen bleiben.«

»Und ihr Mann hat sie auch verlassen«, murmelt Maria. »Sie ist ganz allein.«

»Aber doch nicht deshalb!« lacht Gina.

»Warum denn?«

»Das weiß ich wirklich nicht. In der Ehe seiner Eltern kennt man sich selten aus, aber ich könnte mir vorstellen, daß es denselben Grund

hat wie bei mir, warum ich nie einen Mann finde.«
»Warum solltest du keinen Mann finden?«
»Das ist halt so. An den Gedanken muß ich mich gewöhnen. Du findest wieder was fürs Herz. Wenn Romano nicht zurückkommt, kommt ein anderer. Aber ich finde nie einen.«
»Woher willst du das wissen? Du hast doch so viele Freunde.«
»Ja, Freunde schon, aber einen richtigen Partner nicht. Wenn eine Frau einen Beruf hat, der ihr Spaß macht, wenn sie auch noch schlau ist, womöglich schlauer als er, das hält kein Mann aus!«
»Du kannst das doch nicht so verallgemeinern! Es gibt viele Ehen, in denen beide klug sind.«
»Ja, aber sie muß immer ein bißchen dümmer sein. Es gibt auch Männer, die fördern die Intelligenz ihrer Frau, die machen sich stark dafür, ihren geistigen Horizont zu erweitern, aber nur, wenn sie sicher sind, daß sie ihnen nicht über den Kopf wächst, und wehe, sie tut's!«
»Das glaub' ich nicht! Man hört doch immer wieder von bedeutenden Frauen, deren Männer nur damit beschäftigt sind, sie zu managen.«
»Das hört man so«, sagt Gina böse, »aber wahrscheinlich schikanieren sie die Frauen dann im stillen Kämmerlein und rächen sich dafür, daß

sie in der Öffentlichkeit die zweite Geige spielen müssen.«
»Das vermutest du!«
»Ja, das vermute ich, aber das ganze Leben ist Vermutung. Genau weißt du nichts. Du kennst nicht mal dich selber, wenn du ehrlich bist.«
»Aber was bringt dir diese Vermutung?«
»Nichts«, sagt Gina trocken, »sie schützt mich höchstens vor neuen Enttäuschungen. Außerdem bin ich nicht bedeutend! Ich bin nur gerade ein bißchen zu schlau!«
»Aber es gibt doch so tolerante Männer«, wendet Maria ein, die ihre Hoffnung nicht aufgeben will.
»Nur da hört die Toleranz auf«, meint Gina nüchtern. »Wahrscheinlich können sie nichts dafür. Man hat sie eben so erzogen, jahrhundertelang, das sitzt. Sie werden's auch nicht zugeben. ›Ich bin da ganz anders‹, sagen sie und können doch nicht aus ihrer Haut.«
»Glaubst du nicht, daß sich das ändert?«
»Ja, vielleicht, aber ich erleb's nicht mehr!« Sie sieht gedankenverloren in ihr leeres Glas. »Da spar' ich mir wenigstens eine schlechte Ehe. Schau doch um dich! Schau dir die Ehen näher an, da kann dir oft das Grausen kommen. Die Liebe ist längst gestorben, aber sie hören nicht auf, sich große und kleine Bosheiten zu sagen. Der Haß

scheint ein viel längeres Leben zu haben als die Liebe. Ich kenne Frauen, die haben den Mann, um den es ging, längst vergessen, haben ihm allen Kummer verziehen, aber die Nebenbuhlerin hassen sie mit der alten Frische, wie am ersten Tag.«
»Wenn man dich so hört, scheint's nur Elend auf der Welt zu geben.«
»Nicht nur, aber viel.« Gina gießt sich ein neues Glas ein. »Meine Freundin Sophia schien so glücklich verheiratet. Die beiden konnten über alles miteinander reden, und dann, dann fingen sie an, über alles miteinander zu streiten, bis sie nicht mehr stritten. Ich glaubte, sie hätten sich versöhnt, und fragte Sophia: ›Wie geht es deiner Ehe?‹ Da sah sie mich mit bösen Augen an: ›Unsere Ehe ist tot. Riechst du nicht die Leiche im Haus?‹ Ich dachte, jetzt ist sie durchgedreht, und wie sie mich so ansah mit ihren harten Augen, da hatte ich wirklich das Gefühl, als wäre ein ungesunder Geruch im Haus. Mir wurde ganz unheimlich. Ich wollte gehen. ›Geh nur‹, sagte Sophia, ›wer lebt schon gern mit einer Leiche im Haus? Die Kinder werden auch bald gehen.‹ Siehst du, Maria, das kann dir wenigstens nicht passieren!«
»Auch ein Trost!« lächelt Maria traurig, und als Gina sich ein neues Glas einschenkt: »Trink nicht soviel!«

»Doch«, schimpft Gina, »heute trink' ich! Heute betrinke ich mich, weil's mir im Grunde viel schlechter geht als dir. Du hast's schwer, im Moment hast du's schwer, aber du hast noch Chancen, alle Chancen! Ich hab' keine mehr, nur den Beruf, diesen verdammten Beruf, als ob der einem alles ersetzen könnte! Als ob der einem helfen würde gegen die Einsamkeit!« Die Tränen laufen Gina über die geschminkten Wangen. Sie schmiert mit dem Taschentuch Wimperntusche und Lippenstift wild durcheinander. ›Wie ein Clown sieht sie aus‹, denkt Maria, ›ein armer, kleiner, trauriger Clown.‹ Sie hätte Gina gern über das Haar gestrichen, aber das kunstvolle Gekräusel erschreckt sie. So legt sie ihr den Arm um die schmalen Schultern und sagt mütterlich: »Bleib bei mir, Gina, schlaf heute nacht bei mir!«

»Da brauch' ich aber noch meinen Toilettenkoffer«, schluchzt Gina.

»Ich hol' ihn dir und sag' der Mama Bescheid!« Als Maria mit dem Toilettenkoffer zurückkommt, liegt Gina über den Tisch gebeugt, den Kopf in den Armen. Das Rotweinglas ist umgekippt. Der Rotwein tropft langsam auf den Boden. Ginas dünner Rücken zuckt.

Spinat

Gina ist nicht gekommen. Die Großmutter ist allein mit den schlafenden Kindern.
Irgendwann in der Nacht kommt Tino heim. Er geht ins Schlafzimmer, ohne noch mal reinzuschauen.

›Was macht Gina bei Maria?‹ fragt sie sich und hört zu tippen auf, ohne es zu merken. ›Gina, mein Sorgenkind‹, denkt sie wehmütig. ›Warum können sie nicht immer Babys bleiben? Babys sind so wundervolle Geschöpfe. Je kleiner sie sind, desto vollkommener sind sie, ruhen in sich, wie Wesen aus einer anderen Welt. Je größer sie werden, desto unvollständiger werden sie. Sie fangen an zu krabbeln. Sie machen ihre ersten Schritte wie aufgezogen, als hätten sie ein Uhrwerk in sich versteckt. Sie ziehen sich hoch, reißen die Tischdecke herunter und schauen uns an mit ihrem fragenden, wißbegierigen Blick, in dem schon alle Vollkommenheit verloren ist. Ein wenig bleibt noch. Ab und zu schimmert's aus ihren Augen, als wüßten sie mehr, viel mehr als wir. Es ist nicht die Unschuld – was ist schon Unschuld?

Es ist nicht nur das Kindchenhafte, das uns rührt. Es ist etwas anderes, das uns weh tut, fast körperlich weh tut, weil wir spüren, daß sie nur so werden können, wie wir sind, wißbegierig, eifrig, rücksichtslos, daß etwas verlorengeht, was wichtig gewesen wäre, aber wir können nicht mehr sagen, was es war, weil wir's verloren haben, endgültig in den ersten Lebensjahren. Wir suchen es in Religionen, in Idealen, aber wir finden's nicht mehr, nur die Ahnung bleibt. Die Ahnung einer ganz anderen Möglichkeit, die tief in uns steckt und uns unzufrieden macht. Ach was, was fang' ich da an zu sinnieren?! Wir sind beim Spinat. Spinat mit Rindfleisch, mit Spiegelei, mit Speck. Immer dieser zerhackte, zerstampfte deutsche Spinat! Mit dem bin ich groß geworden. Den hab' ich schon als Kind gehaßt! Damit lockt man doch keine Italienerin hinterm Ofen vor. Es läßt sich halt nicht alles übertragen, nicht alles gleichmachen! Mir soll's egal sein!‹ denkt sie grimmig und ist mit ihren Gedanken wieder bei Gina.

›Was ist schiefgelaufen mit dem Kind? Und warum ist's schiefgelaufen? Von Anfang an machte sie die furchtbarsten Sachen. Immer wollte sie die Aufmerksamkeit auf sich lenken und erntete nur Schrecken, Entrüstung und Ungeduld. Warum war's gerade bei *ihr* so? Warum nicht bei den anderen? Bei denen haben wir doch auch nicht alles richtig gemacht. Wenn man sie heute hört, war sogar alles falsch, und doch war's nicht so wie bei Gina. Wenn ich nur mal mit ihr reden könnte, ruhig und sachlich, aber das geht ja nicht! Wir fangen gleich beide an zu schreien, und dann ist wieder alles aus.

Auch damals konnte ich nicht mit ihr reden, als sie das Kind erwartete. Ich war froh, daß sich die vermeintliche Schwiegermutter um sie kümmerte. Ich merkte zu spät, daß die gegen Gina war und daß ihr Sohn zu schwach war, zu Gina und dem Kind zu halten. Und als Gina aus der Klinik heimkam, als sie ihre ganze Clique gemeinsam abholte und im Triumphzug nach Hause brachte, Franca im blumengeschmückten Kinderwagen, da nahm ich ihr Franca ab. Hab' ich sie ihr nicht auch weggenommen? Sicher war's gut so für Franca, aber war es auch gut für Gina?

Warum bleiben immer nur die Zweifel übrig, so, als wäre nichts anderes gewesen, als hätte man nichts richtig gemacht? Warum sehen die Kinder nur die Fehler? Die Fehler, in die ich hineingetappt bin, auf dem Umweg, den ich machte, um ja die Fehler meiner Mutter zu vermeiden. Dabei hab' ich alles, was sie gut gemacht hat, mit über Bord geworfen, weil ich nur die Fehler sah.

Und diese Fehler wurden ihr vorgeworfen, immer wieder, unerbittlich. Klein und alt, zusammengekauert, saß sie in dem viel zu großen Sessel. Wir wollten ihren Geburtstag feiern und warfen ihr statt dessen ihre Fehler vor. Mal der Bruder, mal die Schwester, das ging Schlag auf Schlag. Sie duckte sich unter den Schlägen, konnte sich nicht verteidigen, wir waren zu stark, konnte nichts rückgängig machen. Es war alles schon so unendlich lange her. Und sie hatte es so gut gemeint mit uns, machte diese Fehler, weil ihre Mutter andere gemacht hatte. Es ist wie eine Schraube ohne Ende, die sich dreht und dreht.‹

Der Großmutter fällt ein, daß sie nichts gegessen hat. Ihr ist schlecht. Sie ist zu müde, um noch in die unordentliche Küche zu gehen. Sie trinkt einen Magenbitter auf den knurrenden Magen, setzt sich an die Schreibmaschine, findet den Weg von den Sünden der Mütter zum Spinat nicht zurück, bleibt untätig an der Maschine sitzen, zu müde, ins Bett zu gehen.

Hitlerjugenduniformen

Das Telefon schrillt hart in die Stille.
›Wer ruft jetzt noch an? Romano?‹ Sie fühlt ihr Herz dumpf klopfen.
»Pronto!« Sie muß sich räuspern.

Sie hört eine müde Männerstimme: »Ich verbinde.«

Und dann eine Frauenstimme: »Stutzi, bist du's?«

Der alte Kindername, auf deutsch, in der Sprache, die sie nur noch in Kochrezepten liest. Das Herzklopfen hat aufgehört. Sie spürt ihr Herz wie einen Schwamm, der sich ausdehnt und zusammenzieht.

»Stutzi? Stutzi, bist du's?« fragt die stockende Stimme leise, schon entmutigt.

»Ja?«

»Hier ist Lotte. Ich hab' die Nummer von deinem Bruder bekommen.«

Lotte? Aus einer dunklen Erinnerung taucht eine kleine magere Gestalt auf. Lotte? Wo war das noch? In welcher Schule?

Aus einer Gruppe von Mädchen in Hitlerjugenduniformen sieht sie Lottes rundes Gesicht, mit einem breiten, immer lachenden Mund und den großen Zähnen. Sie kann die stockende alte Stimme nicht mit Lotte in Einklang bringen.

»Lotte König?« fragt sie vorsichtig.

»Jetzt heiße ich Bayer«, sagt die Stimme wie entschuldigend. »Ich bin gerade hier im Urlaub. Da habe ich an dich gedacht. Hast du nicht Lust, mich morgen zu besuchen?«

»Gut, ich komme!«

Die Großmutter hängt ein und fragt sich beklommen, auf was sie sich da eingelassen hat? Das Heft ist nicht fertig. Sie hat heute abend nichts geschrieben. Sie kramt ihr Geld aus der Schublade und stopft es in ihre Einkaufstasche.

Die mageren Mädchen fallen ihr wieder ein, in ihren Hitlerjugenduniformen, fast alle hatten sie Zöpfe, und alle hatten sie blaugefrorene Knie. An die Aufmärsche, auf die sie in ihren Uniformen warteten, kann sich die Großmutter nicht mehr erinnern. Sie sind aus ihrem Gedächtnis gefallen wie durch ein Sieb, als hätte das Warten nie ein Ende genommen. Sie standen zusammengedrängt, frierend, zupften an ihren kurzen Röcken über den nackten Knien. Die weißen Kniestrümpfe waren schwarz gesprenkelt vom Wasser der Pfützen. SA-Männer schickten sie hin und her. Sie schienen immer am falschen Platz zu stehen, während die Kälte von den blauen Knien die Beine hochkroch.

Nur einmal hatten sie keine kalten Knie, erinnert sich die Großmutter, wohlig warm war es da. Die Sonne schien. Sie wurden aus der Schule geschickt, bekamen papierne Hakenkreuzfähnchen in die Hände gedrückt und durften ganz vorne, gleich hinter der Absperrung, am Straßenrand stehen. Sie winkten und jubelten Hitler zu, der mit Daladier, Chamberlain und dem dicken Mussolini vorbeifuhr. Sie wußten nicht, worum es ging, aber alle schienen sich zu freuen. Sie schwenkten ihre roten Fähnchen und hatten eine große, unbestimmte Hoffnung. Als sie dann in der Straßenbahn heimfuhren, froh über den geschenkten Schultag, fuhr Daladier im offenen Wagen an ihnen vorbei. Sie drückten die Nasen an die Scheiben. Manche hatten noch ihre Fähnchen und winkten von Trittbrettern und Plattformen dem alten Mann zu. Der winkte freundlich zurück. Er kam ihnen unscheinbar vor in seinem schlichten Zivilanzug, aber sie hatten einen lebendigen Franzosen aus der Nähe gesehen. Eine Ahnung von der Größe und Weite der Welt überkam sie.

Im gleichen Jahr wurden sie noch mal aus der Schule geschickt. »Sie sollten sich das ansehen«, sagte ein Lehrer trocken. Es war schon wieder kalt, regnete, Schnee lag in der Luft. Eine schweigende Menge schob sie an einem Kaufhaus vorbei. Alle Fenster waren zertrümmert. Die Schaufensterfiguren lagen wirr durcheinander und sahen lächerlich aus in ihren eingefrorenen Bewegungen, die für eine andere Stellung gedacht waren. Die Preisschilder lagen zertrampelt im Regen. Sie wurden weitergeschoben durch eine Straße, in der heute nur noch Kaufhäuser sind.

Damals gab es da einen kleinen alten Briefmarkenladen. Die Schaukästen waren zerschlagen. Die Briefmarken klebten zerfetzt im Straßenschmutz. In der Ladentür stand ein winzig kleiner, weißhaariger alter Herr. Er sah so verletzlich aus wie seine Briefmarken und weinte bitterlich. Die Menge schob stumm weiter. Mitten auf der Straße, wie ein Kiesel in der Brandung, stand ihre kleine Schwester, stand da in ihrer Hitlerjugenduniform, stemmte sich gegen die schiebende Menschenmenge und weinte mit dem alten Juden um die kaputten Briefmarken.

Meine kleine Schwester! Als die Schilder in den Läden aufgehängt wurden ›Juden ist der Zutritt verboten‹, fragte sie meine Mutter im Laden, wo die Juden denn jetzt einkaufen sollten? Die müßten doch schließlich auch einkaufen.

Die Mutter gab ausweichende Antworten, da gebe es wohl noch Läden. ›Nein‹, sagte die kleine Schwester beharrlich, ›das steht an allen. Wo sollen die Juden jetzt einkaufen?‹

Aber als die Mutter ihr erzählte, sie hätte vor sich in der Schule eine Jüdin sitzen gehabt und in ihren gekräuselten Haaren ihre Feder abgeputzt, da mußte die kleine Schwester das ausprobieren.

Sie erzählte es später beschämt, mit den ersten Zweifeln an den Geschichten der Mutter. Es war ein voller Mißerfolg gewesen. Vor ihr saßen die zwei einzigen Jüdinnen der Klasse. Die eine hatte glattes Haar, kam also nicht in Frage. Doch die andere hatte die von der Mutter beschriebenen, gekräuselten Haare, die sie nach hinten fest zu einem Knoten zusammengebunden hatte.

Die Schwester versuchte es einmal, zweimal. Die Feder wurde nicht sauber. Die Haare wurden nicht schmutzig. Sie hatte schreckliche Angst, das Mädchen könne eine unerwartete Kopfbewegung machen und sich an der spitzen Feder stechen.

Als der Lehrer sagte: »Was machst du denn da?«, wäre sie am liebsten in den Boden versunken. Der Lehrer ließ es auf sich beruhen. Die kleine Schwester schämte sich sehr.

Die Schwester hatte es ihr offen erzählt, sie sprach mit dem Bruder darüber, verschlüsselt, in Andeutungen. Jeder dachte sich seinen Teil und wußte nicht genau, was der andere dachte. In jener Zeit sprach man oft so. Dinge, die vor vierzig Jahren ein dummer Scherz waren, waren über Nacht zu blutiger Wirklichkeit geworden. Hatte die Mutter das nicht gemerkt? *Wollte* sie es nicht merken?

Warum hatte sie die Geschichte nicht vergessen? Wahrscheinlich, weil sie so gar nicht zu der

Mutter paßte, aber damals sagten und taten viele Leute Dinge, die nicht zu ihnen paßten.

Am Tag, nachdem sie sich die zertrümmerten Läden angesehen hatten, kam der Direktor in die Klasse und sagte: »Eure Mitschülerinnen Blum und Eisenstein kommen nicht mehr in die Schule.«

Er sagte Mitschülerinnen, nicht Jüdinnen, und er sagte es sehr ernst. Der Mathematiklehrer schlich auf leisen Kreppsohlen durch das Klassenzimmer. Er erklärte, wie gut es die Juden hätten. Sie bräuchten nur ein bißchen Geld zu bezahlen und könnten dann nach Amerika. Geld hätten sie ja genug, und wir wären sie los! Er ist noch oft auf seinen Kreppsohlen durch das Klassenzimmer geschlichen und hat die kleinen Mädchen über die Ziele unseres Führers Adolf Hitler aufgeklärt, statt ihnen Mathematik beizubringen. Auch im Krieg, als sie, außer ihm, nur noch ganz alte und kranke Lehrer hatten, schlich er und klärte auf. Ihn sind sie nicht losgeworden!

Alles ist anders

›Alles ist anders, wenn die Mama nicht da ist‹, denkt Tino und ist sauer. Auch Tino ist anders.

Sonst ist er fast den ganzen Tag unterwegs. Heute bleibt er zu Hause und ist schlechter Laune.

Daß Gina und Maria sich vorgenommen haben, die Küche aufzuräumen, ärgert ihn. Die Küche ist *sein* Reich. Nicht, daß er was dagegen hätte, daß mal aufgeräumt wurde, aber wenn die Mama das ab und zu machte, war das ganz was anderes. Die tat das, wenn sie mal den Rappel bekam, in aller Frühe, da schlief Tino noch. Und wenn er dann aufwachte und das Frühstück machte, war's ordentlich. Das mochte er. Es war ein schöner Zustand, der allerdings nicht lange anhielt. Aber was die beiden da trieben, war ganz anders. Es bumste und schepperte, als würden sie das Unterste zuoberst kehren.

»Daß ihr mir ja nichts verräumt!« ruft er wütend.

»Du kannst ja mitmachen!« tönt Gina aus der Küche.

»Das fehlte noch! Mit zwei Weibern! Ich bin doch nicht wahnsinnig!« brummt Tino und nimmt sich vor, vom Ordnungsrausch angesteckt, seine Schulsachen aufzuräumen. Aber das Schlafzimmer ist vollgestopft mit Spielsachen, und als er ein paar beiseite tritt, wirft Franca die neue Puppe nach ihm.

»Daß ich ihr die Puppe gekauft hab'«, sagt Gina

wütend zu Maria in der Küche, »war wieder mal der reinste Blödsinn! Sie wollte doch diese riesige Puppe haben. Die war gar nicht zu bezahlen. Ich habe ihr erklärt, daß man so eine Puppe höchstens mal zu Weihnachten bekommt. Damit hätte ich's bewenden lassen sollen: Basta, du kriegst sie nicht, aus! Aber nein, ich wollte dem armen Kind doch wenigstens eine kleine Puppe schenken, damit es nicht so traurig ist. Ich hab' sie ihr angepriesen wie saures Bier, aber sie wollte keine kleine Puppe. Sie wollte die große und heulte wie ein Schloßhund. Schließlich hab' ich ihr die kleine gekauft, die sie noch am wenigsten scheußlich fand, aber sie will sie nicht, schmeißt sie durch die Gegend und macht sie systematisch kaputt!«

Tino wirft die Puppe nach Franca. Der Kopf der Puppe wackelt schon bedenklich, ein Arm trifft Franca ins Auge. Franca läuft heulend zu ihrer Mutter. Die schimpft aus der Küche.

Eine Katze ergreift die Gelegenheit, in die Küche zu schleichen. Sie wird unter Geschrei gefangen und rausgeschmissen. Doch während sie die Katze rausschmeißen, springt der Kater in die Küche. Neues Geschrei, neues Katzenfangen.

»Das hält ja kein Mensch aus!« brüllt Tino, wirft sich in den harten Sessel, dreht das Radio auf Überlautstärke und schlägt mit den Füßen den Takt dazu.

Franca wiegt sich zur Musik und wirft die Puppe nach den Hunden.

»Muß das sein?« schreit Gina in der Küche. »Ich frage mich, wie die Mama das aushält?«

Sie sieht durchs Küchenfenster. Paul und Rici waschen ihre schmutzigen Taschentücher in der Regentonne, lachen, spritzen sich gegenseitig an und breiten die Taschentücher auf den Treppenstufen zum Trocknen aus.

›Jetzt kommt's‹, denkt Gina und zieht die Schultern fröstelnd zusammen.

»Was ist Carla für ein Mädchen?« fragt Maria.

»Was weiß ich«, grollt Gina. »Ich kenne sie ja kaum. Ich glaub', sie ist eine Principessa oder so was.«

Maria macht runde Augen.

»Wirklich? So sieht sie gar nicht aus!«

»Sie tut auch so, als wäre sie keine, und dann jubelt sie's einem doch unter die Weste, schimpft auf ihre Familie, wie blöde die alle wären, und wird sicher genauso blöde, bestimmt!« sagt Gina energisch.

»Ach, und ich dachte, sie wäre ein ganz armes Mädchen. Mir tat sie erst leid.«

»Die ist auch ein armes Mädchen, irgendwo in der Pubertät steckengeblieben. Jeder hat Mitleid

mit ihr. Jeder meint, er müsse sich um sie kümmern; sie meint das auch. Nur kümmert sie sich einen Dreck um andere. Sie ist nur damit beschäftigt, in ihrem eigenen Seelenleben herumzustochern. Aber das merkst du erst zu spät.«
»Ja«, seufzt Maria. »Ich frage mich nur, wie Romano mit so einer Frau zurechtkommt?«
»Nicht«, lacht Gina, »bestimmt nicht! Auf anderer Leute Probleme einzugehen ist nicht Romanos Stärke. – Und wenn sie erst mal merkt, daß er nur Mickymaus-Hefte liest und außer Krimis und der Sportschau nichts im Kopf hat, dann ...«
»Das ist nicht wahr!« unterbricht sie Maria. »Er interessiert sich sehr für Technik.«
»Nur davon versteht sie wieder gar nichts«, schreit Gina gegen die tosende Musik an.
»Wir müssen die Kleinen reinrufen«, sagt Maria, »es wird schon dunkel.«
In dem rosa staubigen Abendlicht haben sich alle wieder beruhigt.
Gina und Tino sehen sich einen Krimi an.
Die beiden Kleinen schlafen auf dem Sofa.
Franca gähnt, auch Maria kann der Geschichte nicht so recht folgen. Ihre Gedanken schweifen immer wieder ab, aber sie ist froh, daß Gina sie aus ihrer Einsamkeit gerissen hat. Es tut gut, bei den anderen zu sein.

»Was ist denn das für eine Vollversammlung?« Giorgio steht groß und breit in der Tür.
»Wo ist die Mama?« fragt Maria.
»Die schiebt Anna gerade die Treppe hoch. Die ist fix und fertig«, grinst Giorgio.
Die Großmutter wankt in die Küche.
»Was ist denn da passiert?« fragt sie erschreckt.
»Wir wollten dir eine Freude machen«, sagt Maria eifrig.
Die Großmutter läßt sich auf den Küchenstuhl fallen.
»War's wirklich so schlimm?« fragt sie zerknirscht.
»Undank ist der Welt Lohn!« ruft Gina aus dem Wohnzimmer.
Der Krimi ist zu Ende. Sie kommt zu den anderen. »Wir dachten, du freust dich!«
»Tu ich ja auch! Es ist nur so ungewohnt.«
»Seit ich nicht mehr ab und zu aufräume«, grinst Giorgio, »ist wieder der alte Schlendrian eingerissen.«
»Ich mach' dir einen Kaffee«, sagt Maria mütterlich und sieht besorgt in das weiße, fleckige Gesicht der Großmutter.
Die ist schon wieder aufgestanden, steht rauchend an den Küchenstuhl gelehnt. Die allgemeine Anteilnahme verwirrt sie, aber der Kaffee tut gut. Die Farbe steigt rosa in ihr rundes Gesicht.

»Essen mußt du auch noch!« Giorgio deckt den Tisch.
»Ich hab' keinen Hunger!«
»Das macht nichts.« Giorgio schiebt sie sanft an den Tisch, stößt ihr den Stuhl in die Kniekehlen. Dann sitzt sie und ißt, zu ihrer eigenen Verwunderung.
»Das muß ich euch erzählen.«
Die alte Lebhaftigkeit springt wieder auf.

Zwei rechts, zwei links

»Ich habe Lotte seit meiner Schulzeit nicht mehr gesehen. Der junge Mann, der mich vors Hotel brachte, ist ihr Schwiegersohn. Lottes Mann wurde im Frühjahr pensioniert. Sie kauften sich eine Eigentumswohnung in einer Kleinstadt, um dort ihren Lebensabend gemütlich zu verbringen. Doch es sollte anders kommen. Gerade als sie alles eingerichtet hatten, ging die Beziehung in die Brüche. Sie stellten fest, daß sie sich eigentlich nichts mehr zu sagen hatten.«
»Sicher gibt's Ausnahmen«, meint Gina und wird plötzlich ernst, »aber es geht sicher vielen Ehepaaren so.«
»Das muß doch nicht so sein!«
»Es müßte wohl nicht so sein«, sagt die Groß-

mutter mit einem wehmütigen Lächeln, »aber es ist oft, als sei die Liebe ein Ausbruch gewesen. Alles hat sich von innen her verströmt, war heiß, in Bewegung. Nur kühlt man nicht hübsch langsam ab, schön rund, glatt und unverletzlich! Nein, sondern wie nach einem Vulkanausbruch wird das Heiße, Weiche, Bewegliche verkrustet von einer harten, starren Schicht. Sie schützt den weichen, verletzlichen Kern nicht. Sie macht ihn nur unerreichbar für den Partner. Diese verkrustete Schicht bildet sich langsam, in Jahren, durch die Wiederholung der gleichen Enttäuschungen, Zurückweisungen, Demütigungen und Mißverständnisse. Sie ist wie das eingesetzte Muster auf einer Spieluhr, die immer dieselbe Melodie spielt, wenn sich die Kurbel dreht. ›O, du lieber Augustin, alles ist hin‹«, singt die Großmutter auf deutsch mit einer seltsam brüchigen Stimme.
Maria fängt an zu weinen.
»Weine nicht«, sagt Anna liebevoll und legt ihr den Arm um die Schulter.
»Solange sie weint, ist sie wenigstens noch nicht verkrustet!« Die Großmutter schreit es fast. »Das Verkrustetsein ist das Schlimme! Es ist wie ein Billardspiel, ein grausames Spiel. Jedes Wort, jeder Satz kann zur Kugel werden, die das eingekrustete Rasterfeld entlangläuft und genau

am empfindlichsten Punkt aufschlägt. Wer die Kugel stößt, weiß das, wartet darauf und hat doch wieder Angst davor. Und das Schlimme ist, daß man da nicht rauskommt, daß man nicht aufhören kann mit diesem bösen Spiel! Ist es Rache? Rache für die erlittene Enttäuschung? Manche Ehepaare versuchen Schluß zu machen, sagen, wenn die Kugel rollt: ›Ach, lassen wir das!‹ Kein Außenstehender kann das Stichwort verstehen. Mit jedem anderen könnten sie ruhig über das Thema sprechen, nur nicht mit ihrem Partner. Sie ziehen sich immer weiter voreinander zurück und verkümmern innerlich.«

»Ich will aber nicht verkümmern!« ruft Maria verzweifelt.

»Vielleicht machst du's besser. Du bist ja noch so jung«, sagt die Großmutter und ist in ihrer kalten Wut nicht von dem Thema abzubringen. »Schau dir doch die vielen Frauen an, die alleine sind und Männer nur noch als störendes, beunruhigendes Element am Rand ihres Lebensbereichs empfinden. Sicher tun sie's nicht freiwillig!« lacht sie böse. »Erst müssen sie erkennen, daß alte Frauen für Männer uninteressant sind, aber manche findet dann, daß der Preis der Einsamkeit für ihren Seelenfrieden nicht zu hoch ist. Lotte gehört jetzt auch zu dem Heer der einsamen Frauen. Sie wird ihren Siegfried in der

Erinnerung verklären, aber auf ein neues Männerabenteuer wird sie sich nicht mehr einlassen.«

»Dafür ist sie auch zu alt«, sagt Gina trocken.

»Meinst du? Sie könnte es doch noch mal versuchen. Aber irgendwann hat man genug, restlos genug!« zischt die Großmutter zwischen zusammengepreßten Zähnen. Die blauen Augen blitzen kalt.

»Du tust, als wäre die Ehe ein Massengrab, nur weil du dich mit Papa nicht vertragen hast«, ruft Anna, der die rücksichtslose Beharrlichkeit ihrer Mutter unheimlich wird. »Schau uns an!« Sie geht zu Giorgio, fährt ihm durch das widerspenstige Haar. »Ich liebe diesen Menschen immer noch.«

Giorgio zieht sie auf seine Knie, tippt sie auf ihre lange Nase und meint fröhlich: »Aber du wirst später genauso streitsüchtig wie deine Mama. Du fängst schon damit an!«

»Ich bin nicht streitsüchtig!« faucht seine Schwiegermutter.

»Nein, gar nicht«, lacht Anna. »Warum ist unser Papa eigentlich damals weggegangen von der Bahn? Das wollte ich dich schon lange fragen.«

»Er verdiente so wenig und machte dauernd Erfindungen, die er nicht auswerten konnte. Wir hatten Rosinen im Kopf und dachten nicht an

Sicherheit. Es gab auch nicht so viele Arbeitslose.«
»Wie schnell sich das geändert hat«, überlegt Gina, »aber eigentlich ist's schade! Wir hätten billig reisen können, ins Ausland, überallhin.«
»Wohin hätten wir denn reisen sollen ohne Geld?« schüttelt die Großmutter den Kopf.
»Ihr hattet doch Freunde, die überall rumgefahren sind. Ich erinnere mich noch an ihre Erzählungen aus dem Orient, die haben mir sehr imponiert.«
»Mir auch«, lacht die Großmutter, »und ich verstand gar nicht, warum wir so wenig Geld hatten, wenn andere bei der Bahn so gut verdienten. Bis der ganze Schwindel aufflog und sogar die italienische Staatsbahn dahinterkam, daß die windigen Häuser, die sie für die Bahnangestellten bauten, unmöglich so viel Geld kosten konnten.«
»Erinnerst du dich noch an das Haus in der Via Claudia?« fragt Anna ihre Schwester. »Das war so ein Bauwerk! Wenn man die Tür aufmachen wollte, hatte man die Klinke in der Hand. Und die Mama schrie immer, wir sollten hübsch langsam gehen im Treppenhaus, sonst fiele der Putz von den Wänden und sie hätte ihn in der Wohnung. Tja, das waren Zeiten! Doch ich denke, für uns wird es jetzt auch Zeit aufzubrechen.«

Sie nimmt Maria um die Schulter. »Ciao, Mama! Ich bleib' unten. Ich hab' noch mit Maria zu reden.«
Die anderen gehen auch.

Als die Großmutter allein ist, befällt sie eine bleierne Müdigkeit.
Sie muß sich aufraffen, ins Bett zu gehen, nicht einfach im Stuhl sitzen zu bleiben. Sie ärgert sich über ihre Rücksichtslosigkeit Maria gegenüber. ›Rosige Aussichten hab' ich ihr da aufgezeichnet. Das kommt vom vielen Alleinsein. Ich rede zuviel, oder zuwenig. Anna wollte mich bremsen, aber wer läßt sich schon von seinen Kindern bremsen, wenn er niemand hat, der ihm mal zuredet, der irgendwann mal sagt: ›Das ist zuviel für dich!‹
Mußte auch noch Lotte kommen, ausgerechnet jetzt? Als ob ich nicht genug eigene Sorgen hätte? Aber sie konnte sich ihr Unglück ja auch nicht aussuchen‹, denkt die Großmutter betrübt.
Ein altes Lied geht ihr durch den Kopf. Sie summt es vor sich hin:

> »... denn die Liebe ist alt,
> ist alt und ganz klein,
> und die Nacht ist so kalt,
> denn ich bin ganz allein.«

Früher hatte sie sich oft kleine Lieder ausgedacht. Sie trösteten sie, wenn's wieder mal ganz schlimm war, wenn sie nicht zurechtkam mit ihrem Leben. Sie hatte sie vor sich hin gesummt oder gesungen. Fast zu jedem Lebensabschnitt gab es so ein kleines dummes Lied. Die meisten hatte sie vergessen. Plötzlich fiel ihr eines ein, lag ihr tagelang im Ohr und fiel wieder in Vergessenheit zurück. Sie muß an ihre Mutter denken, die im Alter so klein und wehrlos geworden war. Sie fröstelt.
Gedanken ziehen vorbei, kurz und abgehackt, und immer wieder dieses Lied, dieser Ohrwurm, dessen Anfang sie nicht mehr weiß. Sie hatte es damals gesungen, als Giuseppe wegging. Die Großmutter starrt an die Decke, um schließlich müde einzuschlafen.

Gina und Maria

Zwischen Gina und Maria entwickelt sich ein besonderes Verhältnis. Es ist eigentlich keine Freundschaft, wie Gina sie versteht. Nichts, was Gina wirklich beschäftigt, interessiert Maria sonderlich.
Maria erkundigt sich nach den Kollegen. Sie will Geschichten hören. Auch Frauenfragen, Ginas

Lieblingsthema, sind ihr gleichgültig. Sie fragt nach Einzelschicksalen. An ihnen nimmt sie Anteil. Alles Grundsätzliche ist ihr fremd.
Gina kann das nicht begreifen, aber sie hat das beruhigende Gefühl, sich an Marias mütterlicher Brust ausweinen zu können, wenn's ihr mal wieder schlechtginge, nur, bis jetzt ist es noch Ginas schmale Schulter, an der sich Maria ausweint.

Jedesmal wenn Gina am Wochenende kommt, fragt sie Maria: »Hast du was unternommen? Hast du dir überlegt, was du machen kannst?« Und sie weiß schon vorher, daß Maria den Kopf schütteln wird, daß nichts geschehen ist.
Gina macht sich Gedanken über die eigene Ungeduld und über den sanften, aber unüberwindlichen Widerstand Marias. Sie weiß, daß es keine Faulheit ist. Maria ist nicht faul. Vielleicht hat Maria etwas ganz Wesentliches erfaßt, das Gina nie in den Kopf gekommen wäre? Maria erhält Paul den Rest von Familie, erhält ihn ihm zäh und unbeirrt. Gina kommt bei ihren Überlegungen zu dem Schluß, daß Maria an ihr Kind denkt, mehr als an sich, daß sie ihm ihr eigenes unglückliches Kinderschicksal ersparen will.
Maria fängt an, Gina zu imponieren.
Ganz zufällig findet sie auf ihrem Schreibtisch,

in dem hoffnungslosen Durcheinander, Marias Kontonummer.

Sie hat ihr mal ein Honorar überwiesen, als sie ein reizendes Foto von Paul, das Maria gemacht hat, in der Zeitung veröffentlicht hat. Sie zahlt einen kleinen Betrag auf Marias Konto ein. Gina hätte gern mehr eingezahlt, aber sie hat nie viel übrig. Das Geld zerrinnt ihr unter den Händen. Die Erinnerung an das Foto bringt Gina auf eine Idee. »Du könntest doch Kinderfotos machen«, schlägt sie Maria vor.

»Ja«, sagt Maria. »Vielleicht später mal. Im Augenblick muß ich sparen, da kann ich nichts investieren.«

»Hast du denn noch Geld?«

»Fast mehr als früher«, meint Maria mit einem wehmütigen Lächeln. »Wir brauchen ja so wenig, und Romano hat mein Konto aufgefüllt.«

›Wenigstens das‹, denkt Gina und ist beruhigt, daß Maria nicht auf ihre winzigen Spenden angewiesen ist. Sie hat, nach Wochen, wieder den ersten guten Gedanken für ihren Bruder.

»Sag mal, Mama«, fragt Gina so unvermittelt, daß die Großmutter an ihrer Schreibmaschine zusammenzuckt, »liegen die Bücher da unten nur zur Dekoration herum, oder liest Maria wirklich?«

Ich interessiere mich besonders
für Bücher aus folgenden Sachgruppen:

- ❏ **Literatur**
- ❏ **Sachbuch / Themen der Zeit**
- ❏ **Taschenbücher**
- ❏ **Theologie /
  Glaubensinformationen**

Antwort

An den
Quell Verlag Stuttgart
Postfach 10 38 52

70033 Stuttgart

Bitte
freimachen

Wenn Sie uns diese Karte mit Ihrer Adresse versehen zurücksenden, informieren wir Sie gerne regelmäßig über das Programm und die Neuerscheinungen aus dem Quell Verlag.

Diese Karte entnahm ich dem Buch:

Name

Straße

Ort

Als Einsender dieser Karte nehmen Sie an der monatlichen Verlosung von drei Büchern aus dem Quell Verlag teil.

Wir wünschen Ihnen viel Glück!

»Sie liest wirklich. Sie ist die einzige, außer Anna, die sich bei mir Bücher holt, aber sie liest ganz andere als Anna. Die holt sich das, was gerade Mode ist, worüber man reden kann – nur hab' ich da nicht viel. Maria fing ganz vorsichtig an, fragte mich, was ich meine und so. Jetzt liest sie ganz ausgefallene Sachen, was sie gerade interessiert, auch ganz alte und schwierige Bücher. Wenn die so weitermacht, lernt sie noch Deutsch, nur um meine alten Klassiker zu lesen. Nach denen schielt sie schon ganz sehnsüchtig«, lacht die Großmutter.

»Glaubst du, das tut sie wegen Romano?« fragt Gina mißtrauisch. »Da liegt sie doch ganz falsch! Wenn der zurückkommt, um sich nach seinem intellektuellen Abenteuer bei seinem schlichten Bauernmädchen zu erholen, und Maria sitzt da, mit Brille auf der Nase, und liest die schwierigsten Bücher, da erschrickt Romano ja zu Tode!«

»Glaubst du, daß er zurückkommt?« fragt die Großmutter gespannt.

»Was weiß ich? Ich denke schon. Wo soll er denn hin auf die Dauer?«

»Er hat wahrscheinlich zu jung geheiratet«, meint seine Mutter entschuldigend.

»Ja und?« sagt Gina scharf. »Maria war noch jünger!«

Gina schüttelt nachdenklich den Kopf: »Wie die aufs Lesen gekommen ist, so plötzlich? Das interessiert mich. Das muß ich wissen!« Sie springt auf.

»Willst du schon wieder runter?« fragt die Großmutter, die die neuerwachte Vertraulichkeit zwischen Gina und Maria gleichzeitig beruhigt und unsicher macht.

Gina gibt keine Antwort mehr. Sie rennt mit klappernden Absätzen die Steintreppe hinunter.

... denn die Liebe ist alt

»Die verdammten Kochrezepte ... «, brummt die Großmutter. Sie sitzt schon zwei Stunden an der Schreibmaschine, und die Rezepte scheinen mehr statt weniger zu werden.

Anna kommt herein. Sie sieht hübsch aus. »Der Papa ist in Sizilien rausgeflogen«, sagt sie.

»Auch das noch!« seufzt die Großmutter und dreht sich schwerfällig auf ihrem Schreibtischstuhl um. »Hat er wieder mal seinen Chef geohrfeigt?«

»Über das Alter ist er doch inzwischen raus«, lacht Anna.

»Glaubst du?« schüttelt ihre Mutter den Kopf. »Der wird nie vernünftig!«

»Aber er schreibt so lieb und bescheiden. Er möchte wiederkommen.« Anna sieht ihre Mutter erwartungsvoll an.
»Nein«, fährt die hoch, »ich will meine Möbel behalten!«
»Du tust ja wirklich so, als käme der Papa nur, um deine Möbel mitzunehmen.«
»Darauf ist es jedesmal rausgekommen«, zischt die Großmutter böse.
»Der Papa ist inzwischen doch auch älter und vernünftiger geworden.«
»Ich sag dir doch, der nicht! Der wird nie vernünftig!«
»Den durchgesessenen Sessel könnte er ruhig mitnehmen«, meint Anna gelassen, »an dem verrenkt man sich jedesmal den Po.«
»Der Sessel ist eine von den wenigen schönen alten Sachen, die ich noch von zu Hause habe. Den kriegt er nur über meine Leiche!« ruft ihre Mutter. Die blauen Augen blitzen gefährlich.
»Also, was soll ich ihm schreiben?« seufzt Anna.
»Daß ich nicht will!« Die Großmutter stampft mit dem Fuß auf. »Der soll zu seiner lispelnden Aedigna gehen. Ich kann ihn nicht gebrauchen!«
»Du bist hart!« Anna sieht ihre Mutter erschrocken an. Wild sieht sie aus. Ihr blasses Gesicht ist dunkelrot geworden. Tränen stehen in

den hellen Augen. Sie wischt sie ungeduldig weg, schüttelt das wirre Haar zurück: »Ja, ich bin hart geworden, und ich bleibe hart!«
Sie zündet sich die dritte Zigarette an, raucht zwei Züge und drückt sie gleich wieder aus.
Als Anna gegangen ist, fällt ihr das Lied wieder ein, das sie vergessen hatte:

> Wir liebten uns in all den langen Jahren,
> Wohin wir gingen, gingen wir zu zwei'n
> Ich hatte keine Angst vor grauen Haaren
> Und dachte, du wirst immer bei mir sein.
> Doch die Liebe ist alt,
> ist alt und ganz klein,
> Und die Nacht ist so kalt,
> Denn ich bin so allein.
> Wir haben uns
> in kleinem Streit zerrieben,
> Der Alltag hat die Liebe abgewetzt,
> Dann bin ich ganz allein
> zurückgeblieben,
> Und du, du hast dich abgesetzt.
> Denn die Liebe ist alt,
> ist alt und ganz klein,
> Und die Nacht ist so kalt,
> denn ich bin so allein.
> Du kommst zurück und denkst,
> wir sind die alten

Und alles könnte so wie früher sein.
Ich steh' am Spiegel, zähle meine Falten.
Wir sind zu zweit, und jeder so allein.
Denn die Liebe ist alt,
Ist alt und ganz klein,
Und die Nacht ist so kalt,
Denn wir sind ganz allein.

Sie geht zum Schrank, gießt sich einen Schnaps ein, sagt laut und langsam: »Nein, ich will nicht mehr!« und setzt sich seufzend wieder an die Schreibmaschine.

Ein schöner Tag

Gina bringt einen neuen Freund mit. Er kommt aus Kalabrien, ist viel älter als Gina und hat blitzende Goldzähne.
»Ist er wirklich Junggeselle?« fragt Anna. »Wenn einer aus Kalabrien kommt und in dem Alter noch nicht verheiratet ist, dann stimmt was nicht mit ihm, oder er ist ein ganz Gerissener.«
»Ich finde ihn recht sympathisch«, sagt ihre Mutter, die die Hoffnung, Gina könne doch noch einen Mann finden, nicht aufgeben will.
»Der ist doch viel zu alt für Gina«, lacht Anna.

»Vielleicht wäre ein älterer Mann gut für sie, so schwierig, wie Gina ist. Aber ist sie denn überhaupt mit ihm befreundet? Bei Gina kenne ich mich da nie aus.«
»Sie haben jedenfalls eine längere Reise miteinander gemacht.«
»Das heißt bei Gina gar nichts«, seufzt die Großmutter.

Es heißt wirklich nichts bei Gina, denn am nächsten Morgen kommt der Kalabrese Antonio, um sie zu einer Autofahrt abzuholen. Gina war schon am Abend nach Mailand zurückgefahren und hat nichts für ihn hinterlassen.
Der Kalabrese ist enttäuscht.
Er hat einen neuen Sportwagen, auf den er sehr stolz ist, und hat sich auf die Autofahrt bei dem herrlichen Wetter gefreut.
»Wollen Sie nicht mit mir fahren?« fragt er die Großmutter.
»Ich würde schon gern«, seufzt sie, »aber ich muß ja schreiben.«
Der Kalabrese redet auf sie ein, preist das schöne Wetter, die einmalige Gelegenheit, die herrliche Strecke, die er sich ausgedacht hat. Er ist unwiderstehlich in seinem Redeschwall. Alle Hindernisse schrumpfen zusammen. Die Kochrezepte lösen sich in Nichts auf.

Die Großmutter zieht ihr helles Jackenkleid an, das sie in einem Anfall von Übermut gekauft und nie getragen hat. Sie braucht ziemlich lange im Bad. Antonio wartet geduldig.
»Reizend sehen Sie aus«, sagt er anerkennend.
Die Großmutter lächelt glücklich, streicht ihren Rock gerade und findet ihn doch etwas zu kurz und jugendlich.
»Bei Ihren Beinen?« Der Kalabrese sieht wohlgefällig auf ihre schlanken, hübschen Beine.
»Ja, die Beine waren immer das Beste an mir«, lacht die Großmutter.

Es fällt ihr nicht leicht, in den niederen Sportwagen zu steigen. Als sie drinnen ist, hat sie das Gefühl, unter die Straße zu fallen, aber die Sitze sind weich und bequem. Sie streckt genüßlich die Beine aus. Ein tiefes Wohlbehagen steigt in ihr auf. Sie hätte fast den Autofahrern, die sie in ihrem blitzenden Gefährt überholen, zugewinkt, so frei und glücklich fühlt sie sich. Über alles kann sie mit Antonio reden.
Sie fahren eine geschlängelte Bergstraße hinauf. Der Kalabrese freut sich kindlich über sein Auto. Die Großmutter wird von seiner Begeisterung angesteckt. Sie redet über Autos, als verstünde sie was davon.
Riesige Tannen umsäumen die Straße.

»Wenn ich Tannen rieche, muß ich an Deutschland denken«, sagt die Großmutter leise.

»So einfach ist das?« grinst Antonio. Seine Goldzähne blitzen in die gründunkle Beleuchtung.

Die Großmutter spricht von Gerüchen, die die Erinnerung viel unmittelbarer heraufbeschwören als Bilder, spricht von Häusern, in denen sie als Kind gewesen ist, die ihr später viel kleiner und enger erschienen sind, nur die Gerüche waren die gleichen geblieben. Sie denkt an ein altes Landhaus mit seinem dumpfen, ein wenig modrigen Geruch. Die Tannen hatten sie daran erinnert, an das Haus und an den Speicher mit den verstaubten Spielsachen und alten Büchern.

Die Großmutter schweigt.

»Sind Sie gerne in Italien?« reißt sie der Kalabrese aus ihren Gedanken.

»Und Sie, sind Sie gerne hier oben im Norden?« fragt die Großmutter zurück.

»Ich weiß nicht?«

»Ich weiß auch nicht! Ich lebe halt hier. Meine Kinder sind hier. Manchmal möchte ich schon nach Deutschland zurück, einen richtigen Winter erleben, aber den gibt's ja nicht mehr«, sagt sie mit einem wehmütigen Lächeln. »Ob ich mich in Deutschland auf die Dauer wohlfühlen könnte? Ich bin schon so lange weg. Ich würde ein ganz altmodisches Deutsch sprechen, Ausdrücke, die kein Mensch mehr kennt. Als ich das letztemal dort war, sagte ich Seeschwein zu einem Meerschweinchen und wunderte mich, warum alle lachten! Ich hatte den Ausdruck vergessen, unter dem ich dieses Tier kennengelernt hatte. Ich war einundzwanzig, als ich nach Italien kam.«

Auf der Berghütte halten sie an einem kleinen Kirchlein, setzen sich auf eine Holzbank in die Sonne und sehen auf den kleinen Friedhof, in dem die letzten Rosen blühen.

Flimmernde Herbstwärme steigt vom Boden auf. Von den Bergen weht die Kühle des ersten Schnees. Die Bauernhäuser mit ihren spitzen Dächern machen der Großmutter Heimweh.

Sie finden einen behäbigen alten Gasthof. Unter der Glyzinienlaube vor dem Haus sind sie die einzigen Gäste.

Antonio erzählt von zu Hause, von seiner Mutter. Schwarz und herrschsüchtig erscheint sie der Großmutter, vertraut mit Geistern und dunklen Mächten.

Sie fragt, ob die starke Mutter daran schuld sei, daß er nicht geheiratet habe?

Der Kalabrese zuckt die Achseln: »Vielleicht? Aber ich habe mich auch lange und intensiv mit

Politik befaßt, da hätte ich gar keine Zeit gehabt für eine Familie. Jetzt bin ich Anwalt und könnte heiraten, aber ich bin inzwischen wohl zu sehr an meine Freiheit gewöhnt.«

Sie essen Forellen, trinken dazu einen herrlich frischen Weißwein, streiten, lachen, erzählen sich Geschichten aus ihrem Leben, Dinge, die schon halb vergessen sind und die sie so leicht keinem andern erzählen würden, jedenfalls erscheint es ihnen so in der wohligen Herbstwärme unter der Glyzinienlaube.

»Wie sind Sie nach Italien gekommen?« fragt Antonio.

»Das ist schon so lange her«, lacht die Großmutter. »Ich lernte Giuseppe in einer Rüstungsfabrik kennen, im letzten Kriegsjahr. Menschen aus halb Europa waren dort angeschwemmt worden. Er war Kriegsgefangener, ich eine Studentin, die nichts mehr zu studieren hatte. Der Unterschied war nicht mehr groß damals. Hunger hatten wir alle. Wir arbeiteten zwölf Stunden am Tag, nachts trieben uns die Fliegerangriffe in die Bunker. Wenn wir abends heimkamen, mußten wir die zerborstenen Fenster vernageln.

Wann wir Zeit fanden, miteinander spazierenzugehen, und woher wir den Mut nahmen, ist mir heute noch schleierhaft. Ihn hätte man auf-

gehängt und mich ins KZ gebracht, wenn uns jemand denunziert hätte. Wir waren jung, lustig und verliebt. Giuseppe sang, ach, hat er schön gesungen«, lächelt die Großmutter ihr Weinglas an. »Ich hab' ihm eine Laute geschenkt, er hat mir Italienisch beigebracht. Und dann kamen die Amerikaner. Sie schrien: ›Get away! Get away!‹ Sie lümmelten in ihren Autos, saßen auf ihren Stahlhelmen wie auf Töpfchen am Straßenrand und benahmen sich für damalige Begriffe unglaublich wild und locker.
Aus vielen Fenstern hingen Leintücher und weiße Fahnen. Wir fanden das charakterlos. Als eine Frau sich aus dem Fenster beugte und einem jungen Amerikaner einen Blumenstrauß zuwarf und der ihn aufnahm und in das Fenster zurückpfefferte, klatschten wir Applaus.
Es dauerte nicht lange, da fuhren die ersten Lastwagen mit Kriegsgefangenen und Verschleppten in ihre Heimat zurück.
Ich wartete auf meinen Giuseppe und dachte, er würde mich mitnehmen, aber er kam nur, um sich zu verabschieden. Er drückte mir ein paar Lebensmittelkarten in die Hand, als wären sie ein Trost! Ich winkte dem Lastwagen nach, auf dem die abgerissenen Gestalten dicht gedrängt standen.
»Ich komm' nach!« schluchzte ich. »Ich komm'

nach!« und konnte vor Tränen nichts mehr sehen.

In meinem großen Kummer dachte ich ganz fest, da drüben, auf der sonnigen Seite der Alpen, müßte alles anders, leichter und besser sein. In unserer Nähe, in einer halbzerbombten Villa, gab es eine Meldestelle für Italiener, die in ihre Heimat zurückwollten. Ich ging ganz frech hin. Auf den Treppenstufen saßen italienische Soldaten. In den zerschlissenen Klubsesseln lagen Soldaten. Die einstmals so feschen Bersaglieri, mit runtergerollten Socken und zerrissenen Stiefeln. Sie rauchten, lachten, sangen und machten mich mit ihren Blicken zu der eleganten Signorina, die ich gern gewesen wäre. Ich wurde ihr Maskottchen, das heil nach Italien kommen mußte, dann, dachten sie, könnte auch ihnen nicht mehr viel passieren. Sicher reizte sie auch, den allmächtigen Amerikanern ein Schnippchen zu schlagen. Irgendwie verschafften sie mir jedenfalls einen Zettel mit amerikanischem Stempel, der mich zur Italienerin machte.«

»Und Ihre Eltern?« fragt Antonio erstaunt. »Haben die Sie so einfach fahren lassen?«

»Meine Mutter besann sich auf eine alte Freundin, die sagenhaft reich sein sollte und, vom Krieg unberührt, in Italien lebte. Vielleicht er-

hoffte sie sich ein bißchen mehr Glück für mich, als in Deutschland zu erwarten war? Und mein Vater meinte, er könne mir nichts verbieten, wenn er mir nichts zu bieten hätte. Außerdem war ich gerade volljährig geworden und schwer erziehbar.«
»Das kann ich mir vorstellen!« lacht der Kalabrese.
»Ich stand in meinem schäbigen Mäntelchen, mein schäbiges Köfferchen mit all dem wertlosen Geld fest an den Leib gepreßt, eingepfercht auf dem Lastwagen, und meine Eltern und meine Schwester winkten und weinten sich die Augen blind.
Sie haben lange, lange nichts von mir gehört. Meine Schwester erzählte mir später, sie wäre immer mit einem Brief an mich rumgelaufen. Der Brief war schon ganz abgegriffen. Da sah sie ein elegantes weißes Auto, mit einem Ständer, weiß mit goldenem Schlüssel. ›Vatikan‹, dachte meine kleine Schwester, ›Vatikan‹, und stürzte auf den Fahrer zu, der an der weißen Pracht lehnte. Sie machte ihm schöne Kulleraugen, plapperte englisch, französisch und spanisch durcheinander und drückte ihm den Brief in die Hand. Und der Brief ist wirklich angekommen. Die erste Nachricht von zu Hause. Ich war glücklich.«

»Und wie ging die Reise weiter?« fragt Antonio.
»Wir wurden von dem Lastwagen in einen Zug verfrachtet, aber in Innsbruck war die Reise schon zu Ende. Reste der SS und verführte Büblein, die sich im ›Werwolf‹ zusammenfanden, hatten die Brennerbrücke gesprengt. Wir wurden in eine SS-Kaserne ausgeladen und mußten warten. Wie lange, wußte kein Mensch. Alle hatten ihre Lebensmittel verschenkt. Jetzt hatten wir Hunger. Einige zogen aus und klauten Hühner bei den Bauern, andere eroberten Lebensmittel bei den Amerikanern. Im Hof der Kaserne wurde gemeinsam gekocht. Jedes Essen wurde zum Fest. Als wir vergessene Leuchtraketen im Keller fanden, gab es sogar ein Feuerwerk.
Ich kam mir schon vor wie in Italien, wären nicht die Nächte so kalt gewesen und hätte mir nicht die Angst im Nacken gesessen, doch noch erwischt und eingesperrt zu werden. Ich hatte natürlich jede Menge Verehrer«, lacht die Großmutter, »aber auch jede Menge Beschützer. Einmal kam es sogar zu einer Messerstecherei«, flüstert sie dramatisch ihrem leeren Weinglas zu.
Antonio schenkt lachend nach.
»Als die Warterei zu Ende und die Brennerbrücke repariert war, waren wir alle froh. Daß der schlimmste Teil der Reise noch kommen sollte, war mir nicht klar.

Wir fuhren über Nacht im Zug und kamen frühmorgens in einem trostlosen Nest an. Es war kalt und neblig und sah gar nicht nach Italien aus. Wir wurden in einen verlassenen Kasernenhof getrieben. In dem Hof standen viele Busse. An jedem Bus hing ein Pappschild mit dem Bestimmungsort. Übermüdete Fahrer lehnten rauchend an ihren Bussen und ebenso viele Padres standen herum, unheimlich in ihren langen Soutanen und großen Hüten. Meine Weggefährten gingen zu einem Tor, hinter dem die amerikanischen Kontrolloffiziere saßen.

›Da kannst du nicht mit‹, meinten meine Freunde, ›da erwischen sie dich!‹ Einer nahm mich bei der Hand. Wir gingen zu dem Bus nach Como. Como stand auf dem Brief meiner Mutter, den ich fest umklammert hielt. Mein Freund sprach mit dem Fahrer, der nickte nachdenklich und wandte sich an einen Pater mit einem ernsten Pferdegesicht. Der Pater hörte ihn an. Ich verstand kein Wort, sah nur ängstlich, daß der Pater keine Miene verzog.

Der Fahrer machte die Bustür auf. ›Schnell unter den Sitz!‹ flüsterte er. Ich verkroch mich unter dem Sitz. Der Pater setzte sich auf die andere Seite, vor mich schob er eine Kiste mit Äpfeln. Ich konnte nur noch seine riesigen schwarzen Stiefel sehen, und die Äpfel dufteten, dufteten.

Das Knacken, als ich in den ersten Apfel biß, schien mir unnatürlich laut. Daß die schwarzen Stiefel sich nicht bewegten, beruhigte mich irgendwie.

Da kamen neue Stiefel, leise, auf Gummisohlen, amerikanische Schnürstiefel. Den Apfel in den Mund gepreßt, kauerte ich mich zusammen und hatte die größte Angst meines Lebens. Der Amerikaner, von dem ich nur die Stiefel sehen konnte, kontrollierte den Bus. Mit dem Pater sprach er italienisch.

›Was ist das?‹ fragte er. Wir hatten in der Eile meinen geblümten Regenschirm und die Damenhandtasche auf dem Sitz vergessen.

›Mein Gepäck‹, sagte der Pater so würdig und deutlich, daß sogar ich ihn verstehen konnte.

›Äh?‹ fragte der Amerikaner. Mir blieb das Herz stehen und der Apfel in den Zähnen stecken.

›Mein Gepäck‹, wiederholte der Pater ernsthaft. Die Gummistiefel entfernten sich leise. ›Das waren sicher katholische Stiefel‹, dachte ich. Mein Herz fing wieder an zu schlagen. Der Bus füllte sich. Ich konnte aus meinem Versteck auftauchen. Den letzten Apfelrest noch in der Hand, schielte ich verstohlen zu dem Pater. Der sah in die Luft, aber um seinen Mund spielte ein ganz kleines Lachen.«

»Und wie ist es Ihnen in Como ergangen?«

»In Como bin ich losgestiefelt mit meinem Brief an die unbekannte Freundin. Ich wußte ja nicht mal, ob sie noch lebte. Ich kam zu einer schönen altmodischen Villa. Ein Dienstmädchen mit weißem Häubchen führte mich in ein Speisezimmer. Da saß das alte Ehepaar, ganz allein beim Abendessen, an einem schön gedeckten Tisch, als wäre irgendwann vor dem Krieg die Zeit stehengeblieben. Nun, als hätte sie der Krieg doch noch eingeholt, kam ich da reingestolpert, auf meinen Holzsohlen, ungewaschen, in meinem schäbigen Mäntelchen und mit meiner ganzen Habe in dem armseligen Koffer. Ich glaube, sie sind ganz schön erschrocken«, lacht die Großmutter, »aber sie haben mich wie eine Tochter aufgenommen. Sie besorgten mir eine Aufenthaltsgenehmigung. Ich konnte arbeiten, und sie hätten mich gerne mit einem reichen Italiener verheiratet.

Wer weiß, wo ich heute säße, wenn ich nicht so bockig gewesen wäre. Aber ich mußte eines Tages an Giuseppe schreiben. ›Mir geht's gut! Ich bin in Italien, habe es ohne Deine Hilfe geschafft!‹ Und da fing das Unglück von vorne an. Die alten Leute konnten nicht begreifen, was ich an diesem Eisenbahner fand. Sie waren so verwirrt, daß sie den Kontakt zu mir abgebrochen haben. Sie haben sich noch mal ein junges

Mädchen aus Deutschland kommen lassen, aber das war wohl nicht das Rechte. Später hat mich der alte Herr noch mal besucht, beladen mit Puppen und Teddybären für die Kinder. Er ist nur einmal gekommen. Die Armut war ihm unheimlich. Schade!« Die Großmutter nimmt einen großen Schluck Wein. »Eigentlich waren's nette Leute, ein bißchen schrullig schon.«
Sie zündet sich eine Zigarette an, bläst eine dicke Rauchwolke in die Abendluft und sieht ihr versonnen nach.
Alles will Antonio wissen.
»Na, so interessant ist mein Leben auch nicht.«

Als sie heimfahren, wird es herbstlich früh dunkel. Ein prächtiger Sonnenuntergang läßt ihre Gesichter rot aufleuchten.
Der Kalabrese erzählt von seinem Bruder, der dort unten Bürgermeister ist. Ein wohlsituierter, achtbarer Mann, mit vielen Kinderlein.
»Ganz anders als ich!« grinst er fröhlich. »Eines Tages kam ein Vetter aus Mailand zu Besuch. Alle im Ort wußten, daß der Vetter dort oben ein erfolgreicher Mann war. Die Stadtkapelle war gerüstet, ihn mit Musik zu empfangen. Die Kinder hielten an der Landstraße Ausschau nach dem chromblitzenden Gefährt des gewichtigen Mannes. Mein Bruder hatte seine

zahlreiche Familie zusammengetrommelt. Alle warteten auf den Vetter aus dem Norden.

Als er endlich kam, blieb meinem Bruder vor Schreck der Mund offenstehen. Denn der Vetter kam in einem Fiat, einem ganz gewöhnlichen kleinen Fiat. Der Kofferraum stand weit offen, und heraus ragte groß ein Gegenstand, dessen Anblick meinem Bruder die Sprache verschlug. Erst die fröhliche Begrüßung des Vetters und das bacchantische Gelächter der zusammengeströmten Ortsbewohner lösten ihn aus seiner Starre.

›Was, was hast du denn da im Kofferraum?‹ stammelte er.

›Großartig, nicht?‹ rief der Vetter voller Finderstolz. ›Das hab' ich unterwegs bei einem Antiquitätenhändler entdeckt. Ich will's meinen Eltern schenken, als Schirmständer, zum Hochzeitstag. Die werden begeistert sein!‹

›Zum Hochzeitstag?‹ stotterte mein Bruder. Als er in die lachenden Gesichter der immer näher drängenden Menge sah, lief er rot an und schrie: ›Weißt du, was du da mit dir spazierenfährst, als Hochzeitsgeschenk, im Kofferraum? Ein Klo, ein ganz gewöhnliches Klo, wie es hier noch in jedem zweiten Haushalt benutzt wird!‹

Der Vetter lachte, lachte laut und schallend: ›Jetzt kann ich mir die Heiterkeit der Menschen unterwegs erklären!‹

›Schaff' das Ding weg!‹ zischte mein Bruder, doch der Vetter war nicht bereit, seinen Fund kalabresischen Vorurteilen und der Würde seines Vetters zu opfern.

Der Bruder bot ihm eine Decke an, fast flehentlich, es wenigstens zu verhüllen, aber der Vetter wollte nicht. Er fand es so lustiger, fand, ein verhülltes Klo sähe aus wie eine Leiche im Kofferraum. Er ließ Klo und Fiat auf der Straße stehen, doch die rechte Stimmung kam nicht mehr auf. Der Besuch wurde kürzer als vorgesehen. Der abfahrende Vetter winkte fröhlich dem verschlossenen Haus zu, nur die Kinder winkten lachend zurück.«

Antonio erzählt noch viele Geschichten aus seiner Heimat.

Die Großmutter lächelt in sich hinein. Sie hört so gern Geschichten. Wohlige Müdigkeit steigt in ihr auf. »Es war so ein schöner Tag«, sagt sie leise.

Als sie wieder vor Großmutters Haus eintreffen, brennt oben in ihrem Fenster noch Licht. »Die sitzen sicher alle vor dem Fernseher.«

Antonio will nicht mit reinkommen. Er will keine anderen Menschen mehr sehen. »Es war so hübsch mit Ihnen alleine!« Er nimmt die Großmutter in die Arme und küßt sie.

Beschwingt läuft sie zur Treppe. Die Hunde springen bellend und winselnd an ihr hoch. Sie wehrt sie lachend ab, verteidigt ihre selten getragenen Seidenstrümpfe.
»Na, wie war's?« fragen die Kinder.
»Hast du einen neuen Verehrer?« lacht Anna.
Sie hätte so gerne erzählt, ist erfüllt von Geschichten, von der Schönheit der Landschaft. Doch keiner hört zu. Giorgio gähnt.
»Kennst du denn die Via Mala?« fragt sie ärgerlich.
»Klar«, gähnt Giorgio. »Wie meine Westentasche!«

Als alle gegangen sind, sagt Maria ernst: »Das hättest du nicht tun sollen! Schließlich ist er Ginas Freund.«
Die Großmutter fährt hoch: »Sie hat ihn doch versetzt!«
»Trotzdem«, meint Maria beharrlich. »Das ist Sache der beiden. Du solltest dich da nicht einmischen! Du weißt, wie empfindlich Gina ist, wie leicht sie sich von dir an die Wand gedrückt fühlt.«
Alle Freude des schönen Tages ist zusammengefallen wie ein Kartenhaus. Die Großmutter fühlt sich einsam und elend. Sie zieht die Bettdecke bis zur Nasenspitze und friert trotzdem.

Bimbo kommt, richtet sich mühsam an ihrem Bett auf. Er ist blind. Seine Lefzen lösen sich auf. Hautfetzen hängen ihm vom Maul. Die Kinder zupfen die Hautfetzen immer wieder ab, dann blutet Bimbos Maul, und die Großmutter schimpft.
»Gelt, Bimbo«, sagt sie und nimmt seinen kleinen häßlichen Kopf in beide Hände, »für dich ist Altwerden auch nicht schön!«
Bimbo sieht sie aus seinen blinden Augen an und wedelt langsam und vorsichtig mit dem dünnen Schwanz.

Unbeantwortete Briefe

In der Woche kommt ein Brief von Lotte. Sie ist unglücklich bei ihrer Tochter und dem Schwiegersohn im Rheinland. Sie fühlt sich einsam und fremd. Eigentlich will sie heim, aber wohin? Sie hat Angst vor der leeren Wohnung.
Die Großmutter legt den Brief auf den Schreibtisch. Sie will ihn beantworten, will Lotte trösten, aber es fällt ihr kein Trost ein. Alles erscheint ihr wie leeres Geschwätz.
Auch der letzte Brief ihrer Schwester liegt noch da, seit Monaten. Sie hat ihn diesmal gleich beantworten wollen; dann war ihr wieder die

Arbeit dazwischengekommen, und sie hatte ihn vergessen. Jetzt liegt er immer noch da und ist schon so alt. Alles, was in dem Brief steht, ist sicher längst überholt.

›Alt und überholt‹, denkt sie traurig, ›wie das innige Verhältnis, das wir als Kinder zueinander hatten.‹ Sie hatten sich gestritten und geliebt. Sie waren unzertrennlich gewesen. Wenn sie sich später, bei ihren seltenen Besuchen, sahen, klang der alte Ton auf. Es war wie eine Sprache, die nur ihnen beiden gehörte. Ob der Ton noch tragen würde über eine längere Zeit? Ob er nicht zu alt wäre und in einem Mißklang enden würde? Sie weiß es nicht.

Gina fragt: »Na, habt ihr euch gut amüsiert?«
Die Großmutter hat über Marias Worte nachgedacht. Sie überhört den Spott. »Findest du's nicht richtig, daß ich mitgefahren bin?«
»Ach was!« lacht Gina. »Den Kalabresen schenk' ich dir! Der ist in Rom und hat eine neue Freundin.«
Die Großmutter spürt einen kleinen Stich. ›Was hab' ich denn erwartet?‹ denkt sie traurig und gleichzeitig ärgerlich über sich selbst.
»Ich muß über etwas ganz anderes mit dir reden«, sagt Gina ernst.
Die Großmutter fühlt nichts Gutes kommen.

»Mit Franca geht's nicht so weiter. Merkst du nicht, wie schlecht sie in der Schule wird? Du kümmerst dich zuwenig um sie. Franca soll mir nicht so verschlampen, wie wir verschlampt sind!« Gina stampft mit dem Fuß auf.
›Auch das hat sie von mir‹, denkt die Großmutter und rüstet sich zum Angriff, aber Gina läßt sie nicht zu Wort kommen. »Wenn ich die Ressortleitung kriege, die mir der Chef schon so lange versprochen hat, kommt Franca ins Internat.«
»Was hat das damit zu tun?«
»Daß ich's mir leisten kann.«
»Aber Franca ist doch noch so klein!« ruft die Großmutter entsetzt.
»Das macht nichts«, sagt Gina kalt, »dann gewöhnt sie sich leichter ein. Durchsetzungsvermögen hat sie ja!«
»Sie ist ihre Freiheit gewöhnt, und sie hat ihre Freunde hier.«
»Ihre Freiheit?« lacht Gina. »Sie tanzt dir auf der Nase rum und tut, was sie will. Du hast ja noch nicht mal gemerkt, wie schlecht sie in der Schule geworden ist! Aber *sie* sollst du nicht davon abhalten, Ärztin zu werden, wenn sie will. Es reicht, daß du *mich* davon abgehalten hast!« ruft Gina wütend.
»Ich hatte doch nie was dagegen, daß du Ärztin wirst!« fährt die Großmutter hoch.

»Nein«, faucht Gina. »Du hattest nichts *dagegen*, aber du hast auch nichts *dafür* getan. Du hast seufzend Schulsachen gekauft, aber was passiert ist, da in der Schule, war dir gleichgültig. Du bist zu keinem einzigen Elternabend gegangen!«

»Als ob das was gebracht hätte?« grollt die Großmutter.

»Ja, das hätte was gebracht!« schreit Gina. »Ich hätte gemerkt, daß du Anteil nimmst! Ich hätte dir die Aufgaben zeigen können! Du hättest mir helfen können!«

»So bockig, wie du warst?«

»Warum war ich wohl bockig?«

»Was weiß ich?« zuckt die Großmutter die Achseln. »Das warst du immer schon. Außerdem – hast du vergessen, daß ich dir vierzehn Tage lang Kleider nähte, weil du unbedingt zu den Nonnen wolltest, nachdem du mal wieder durchgefallen warst? Konnte ich dafür, daß du nach vierzehn Tagen mit all den Kleidern wieder zurückgekommen bist, den dämlichen Kleidern, die du gar nicht mehr brauchen konntest, weil die Nonnen dich rausgeschmissen haben?«

»Da war's eben wahrscheinlich schon zu spät! Deshalb soll Franca rechtzeitig ins Internat.«

»Nein!« stampft die Großmutter mit dem Fuß. »Sie ist noch zu klein!«

»Das kannst du ruhig mir überlassen«, sagt

Gina in kalter Wut. »Da lass' ich mir von dir nicht dreinreden!«

Franca hat den Streit gehört. Sie sitzt draußen auf der Steintreppe und schreit: »Ich will nicht ins Internat!« Dicke Tränen kullern ihr über die Wangen.

Gina setzt sich zu ihr auf die Treppe, zieht ein Prospekt aus der Tasche und zeigt ihr die hübschen farbigen Bilder von freundlichen Schlafzimmern und turnenden Kindern auf einem großen Sportplatz. Der Sportplatz imponiert Franca sehr.

»Wann darf ich da hin?« fragt sie.

Die Großmutter tut etwas, was allen anderen streng verboten ist. Sie knallt die Tür zu.

Romano

»Mama!« ruft Maria unten am Gartentor. »Rat' mal, wer geschrieben hat?«

Die Großmutter braucht nicht zu raten. Die übrige Post liegt auf dem Kies verstreut. Maria wischt sich mit dem Schürzenzipfel die Augen, läuft über die verstreuten Briefe und fällt der Großmutter um den Hals.

»Schreibt er mir auch?« fragt Paul, der auch nicht raten muß, wer da geschrieben hat.

»Ja«, lacht Maria und nimmt ihn in die Arme. »Er schreibt uns beiden, daß er schon lange in Teheran ist. Ich wollte nämlich nie, daß er nach Teheran fährt, es war mir zu gefährlich. Er schreibt, daß er bald kommt. Zu uns heimkommt!« flüstert sie glücklich zu Paul hinunter. »Er schreibt, er hätte viel nachgedacht«, wendet sie sich wieder an die Großmutter. »Er hat sich, scheint's, schon lange von ihr getrennt. Er ist schon zum zweitenmal in Teheran. Er will nicht mit leeren Händen kommen. Darum hat er sich für die großen Fahrten gemeldet. Da verdient man so gut! Er meint, es liege auch daran, daß wir nie eine richtige Wohnung gehabt hätten, daß wir nie selbständig gewesen seien. Er will eine Dreizimmerwohnung suchen. Stell dir vor, Mama, drei Zimmer für uns alleine!«
Sie fällt der Großmutter wieder um den Hals, dann sieht sie in deren abwesendes Gesicht: »Ja, freust du dich denn gar nicht? Hörst du überhaupt zu?«
»Freilich freu' ich mich«, lächelt die Großmutter mühsam, dann setzt sie sich auf die Treppenstufe und heult, heult in Marias Glück hinein. »Es ist nur die Aufregung«, murmelt sie, aber die Tränen laufen weiter.
»Sie weint, weil wir weggehen«, sagt Paul und streichelt der Oma die Wange. »Aber ich be-

such' dich jeden Tag!« Paul fährt ihr mit seinen schmutzigen Fingerchen im Gesicht herum.

Maria steht hilflos da. »Ist es nicht auch für dich besser, wenn's ein bißchen ruhiger wird?«

»Ja«, schnaubt die Großmutter in ihren Schürzenzipfel. »Ja, schon. Es ist nur soviel auf einmal. Tino muß zum Militär, und jetzt auch ihr, und Franca soll ins Internat. Kannst du nicht mit Gina reden, daß sie mir wenigstens Franca läßt?«

Sie kommt Maria auf einmal so klein vor, wie sie da auf der Treppe hockt und zu ihr aufsieht, Pauls schmutzige Fingerspuren im Gesicht.

»Ich werd's versuchen«, meint Maria, »aber wenn Gina sich was in den Kopf gesetzt hat ... «

Sie zuckt die Achseln.

»Ich weiß.« Die Großmutter fährt sich mit der Schürze über die Augen.

»Es ist nur die Aufregung«, sagt sie ärgerlich, »und ... und soviel auf einmal«, aber die Tränen fließen weiter.

Die Großmutter hört Romanos Lastwagen in den kleinen Hof einfahren, hört das unverkennbare Quietschen, wenn der zweite Torflügel geöffnet wird. Sie geht in die Küche und sieht durch das dunkle Küchenfenster in den schwach erleuchteten Hof.

Maria steht vor ihrer Küchentür. Sie zieht mechanisch ihre Schürze aus, hält sie in der Hand, weiß nicht, wohin damit, weiß wohl auch nicht, warum sie sie ausgezogen hat.
Romano klettert nach dem langen Sitzen mit steifen Bewegungen aus dem Lastwagen. Er streckt sich. Seine Hände hängen schwer, weitab vom Körper, als gehörten sie nicht dazu.
Einen Augenblick kann die Großmutter sein Gesicht deutlich sehen. Es sieht mager und faltig aus in der trüben Beleuchtung. Ein Ausdruck von unendlicher Müdigkeit liegt in seinem Gesicht, in der ganzen Gestalt mit den hängenden Armen.
Die Großmutter fühlt ihr Herz wieder, wie einen nassen Schwamm, der sich dumpf ausdehnt und zusammenzieht.
Romano und Maria gehen aufeinander zu. Maria hält immer noch die Schürze unbeholfen in der Hand.
Sie gehen nicht schnell. Sie fallen sich nicht um den Hals. Sie geben sich die Hände. Sie lächeln verlegen.
Dieses eingefrorene Lächeln, mit dem die beiden auf die Küchentür zugehen, ist das letzte, was die Großmutter sieht.
Maria löscht das Außenlicht.
Die Großmutter geht zurück zu ihrer Schreib-

maschine. Romanos Heimkehr, auf die sie so gehofft hat, hat sie traurig gemacht.

Paul findet, daß sein Kinderbett inzwischen kleiner geworden ist. Mit ausgestreckten Zehen berührt er schon das Fußende. Klein und hart kommt ihm sein Kinderbett vor, und auch wieder vertraut und gemütlich.
Maria und Romano liegen umschlungen im Ehebett. ›Ist es eine Umarmung?‹ denkt Maria. ›Ist es nicht eher eine Umklammerung?‹ Sie sieht zu Paul hinüber. Der liegt unbeweglich in seinem Bettchen und sieht die Eltern aus offenen Augen aufmerksam an.
»Willst du nicht schlafen, Schätzchen?« fragt Maria.
Paul, der sonst immer gleich einschläft, wenn sie ihn ins Bett legt, gibt keine Antwort, sieht sie unverwandt an. Die Müdigkeit gibt seinen Kinderaugen etwas Starres, als hätte er Angst, die Eltern könnten verschwinden, als könne wieder etwas Unerwartetes passieren. Manchmal fallen ihm die Augen zu. Er reißt sie wieder auf. Dann siegt die Müdigkeit. Er atmet ruhig und tief. Die Lider mit den langen schwarzen Wimpern sind geschlossen.
»Endlich!« sagt Maria leise zu Romano. Der hält sie immer noch umklammert und ist fest

eingeschlafen. Maria streicht ihm übers Haar. Sie kann nicht schlafen.

Gina fragt: »Na, wie geht's mit euch beiden? Scheint ja alles wieder in Ordnung zu sein!«
»Meinst du?« Maria zuckt die Achseln. »Es ist wie mit einer geklebten Schüssel. Äußerlich sieht sie aus wie früher, aber sie ist nicht mehr, was sie war.«
»Geklebte Sachen halten oft am längsten«, lacht Gina.
»Ich weiß nicht.« Maria schüttelt den Kopf. »Sie können auch leicht wieder auseinanderbrechen. Es ist nicht mehr der Krach, der Schrei, wie beim ersten Mal. Sie zerfallen einem in den Händen, ganz leise. Man erschrickt nicht. Man schaut nur traurig auf die einzelnen Teile, die ganz langsam auseinanderbrechen. Die geklebten Ränder sind schwarz und häßlich geworden. Der Leim zieht lange Fäden. Vielleicht ist man ganz erleichtert, wenn man sie wegwerfen kann?«
»Maria, das sagst du?« ruft Gina entsetzt. »Du, die so hoffnungsvoll gewartet hat?«
»Ja, damals war ich noch hoffnungsvoll«, sagt Maria, als wäre die Zeit schon sehr weit weg.
»Gibt sich Romano denn keine Mühe?«
»Doch, schon, aber er ist ein Spießer gewor-

den!« ruft Maria wütend. »Ich hab' mich immer gefragt, wie man ein Spießer wird. Man wird doch nicht als Spießer geboren. Jetzt weiß ich, wie das geht!«

»Unser schöner blonder Romano ein Spießer?« lacht Gina. »Vielleicht hast du nur die rosa Brille verloren, durch die du ihn früher gesehen hast? Vielleicht sieht er sich selber im Spiegel nackt und bloß und findet sich auch nicht mehr so hübsch wie früher? Vielleicht hätte er gern ein schönes Hemdchen von dir? Und du gibst ihm keines, starrst ihn mitleidlos im Spiegel an und gibst ihm kein Hemdchen. Was soll Romano tun, wenn du so böse Augen machst wie jetzt?«

»Mach' ich böse Augen?«

»Und wie!«

»Ich bin auch böse!« ruft Maria. »Ich kann nicht hören, wenn er so tönt, tönt wie eine leere Glocke! Wenn er Paul erzählt, was für Lebensregeln er beachten müsse, was für Spielregeln unerläßlich seien!«

»Was macht Paul dann?«

»Der streckt ihm die Zunge raus.«

»Vielleicht solltest du das auch tun?«

»Ich kann nicht«, sagt Maria verzweifelt. »Ich finde das nicht komisch. Ich werde wütend, wenn er alles mies macht, wenn er jedem nur

das Schlechteste zutraut, als bräuchte er das zur eigenen Rechtfertigung.«
Gina sagt: »Spießers Nachtgesang:
>   Ich bin klein,
>   Ein armes Schwein.
>   Die Großen sind auch Schweine,
>   Ich bin nicht alleine.

Wenn du das regelmäßig singst, dann ändert sich's von selbst:
>   Ich allein
>   Bin kein Schwein,
>   Die anderen sind Schweine,
>   Die Schweine!

Aber, Maria, vielleicht bist du auch schuld, mit deinem bösen Blick?«

»Ich?« wehrt sich Maria. »Ich töne doch nicht so!«

»Nein, das hast du nicht nötig, aber vielleicht bist du schon bei der zweiten Strophe angelangt:
>   Ich allein
>   bin kein Schwein.

Vielleicht verspießerst du auch, Maria?«

Die Not des Lernens

Es ist still geworden um die Großmutter. Maria ist auf Wohnungssuche. Nur die beiden Kleinen sind da, aber die spielen meist so selbstvergessen miteinander und sind der Großmutter so vertraut, daß sie ihre Gegenwart kaum bemerkt.

Wenn Paul nicht da ist, Rici dann auch nicht kommen will, spürt die Großmutter die Einsamkeit. Sie hat sich immer vorgestellt, schneller arbeiten zu können, aber die Stille lähmt sie, macht sie müde. Die Arbeit geht ihr langsamer von der Hand als in dem gewohnten Trubel.

Auch Gina kommt seltener. Sie scheint diesmal wirklich einen Freund zu haben. Sie trägt einen neuen Ring, der aussieht wie ein Ehering. Sie wirkt heiterer und gelassener. Vom Internat wird nicht mehr gesprochen. Die Großmutter nimmt sich vor, mit Franca zu lernen.

Die ersten Tage ist Franca jedesmal verschwunden, wenn sich die Großmutter dazu aufrafft. Da wird die Großmutter energisch. Franca brüllt und tobt. Die Szenen, die vorausgehen, dauern viel länger als das Lernen. Franca schreit, die Großmutter schreit. Mal heult die eine, mal die andere, mal heulen sie gemeinsam, dann schickt die Großmutter Franca, ein Heft zu kaufen, nur damit sie sich beide wieder beruhigen können. Sie ist ganz gerührt, wenn Franca wirklich mit dem Heft zurückkommt und nicht die Flucht ergreift. Das nachmittägliche Lernen wird für sie und Franca eine Zwangsvorstellung.

Franca schwingt eine halbvolle Limonadenflasche. Mit krebsrotem Gesicht und spritzenden Tränen holt sie aus, die Limonadenflasche der Großmutter auf den Kopf zu hauen. Im letzten Moment hält sie inne, stellt die Flasche ab und bricht schluchzend über dem Schulheft zusammen. Zwei Heftseiten sind verschmiert. Franca weigert sich, sie noch mal zu schreiben.

Abends, wenn die Großmutter allein ist und über die nachmittäglichen Szenen nachdenkt, fallen ihr ihre eigenen Fehler auf, merkt sie ihre Ungeduld, wie wenig Mut sie Franca macht.

Dann scheint ihr alles zu lösen zu sein. Sie nimmt sich vor, am nächsten Tag die Ruhe zu bewahren. Aber am nächsten Tag gibt es wieder die gleiche Szene, wieder das gleiche Geheule, wieder das gleiche Geschrei.

Sie denkt an ihre Mutter, die so geduldig war, die alles zu können schien. Konnte sie wirklich alles? Als kleines Mädchen hat sie sich die Frage nie gestellt. Ihre Mutter erwartete auch von ihren Kindern, daß sie alles so gut wie andere können sollten und daß sie sich vor nichts drückten. Wenn sie von ihren Kindern enttäuscht war, dann weinte sie. Ein stilles, verzweifeltes Weinen. Das war schrecklich für die Kinder. Sie kamen sich abgrundtief schlecht vor, weil sie ihre Mutter, diese geduldige Mutter, zum Weinen gebracht hatten. Sie selbst hatte sich später darüber hinweggesetzt, maulte hinter vorgehaltener Hand »Erpressung«, aber die kleine Schwester, die nahe am Wasser gebaut hatte und nie etwas durchschaute, heulte immer wieder herzzerreißend über die eigene Schlechtigkeit.

Sie hatte sich vorgenommen, nie über ihre Kinder zu weinen, ihnen nie so ein schlechtes Gewissen zu machen. Und jetzt heulte sie vor Wut und Verzweiflung. Aber es ist wohl ein anderes Heulen, kein stilles, enttäuschtes Weinen, denn Franca scheint gar kein schlechtes Gewissen zu haben. Sie heult aus der gleichen Wut und Verzweiflung gegen die Großmutter an.

›Wie machte das meine Mutter, daß wir glaubten, sie könne alles?‹ fragt sich die Großmutter. ›Franca hat doch längst durchschaut, daß ich nicht imstande bin, mit ihr zu lernen. Oder hat sie das nicht durchschaut? Meine nur ich, sie müßte das merken? Vielleicht war sich meine Mutter ihrer Fähigkeiten auch nicht so sicher?‹ Das ist ein ganz neuer Gedanke für die Großmutter. Das hat sie sich nie überlegt. ›Jetzt könnte ich mit meiner Mutter reden. Jetzt würde ich ihr keine Vorwürfe mehr machen, aber jetzt ist es zu spät.‹

Die Großmutter nimmt sich vor, am nächsten

Tag ganz ruhig zu sein. Sie beginnt, Lehrer zu bewundern.

Ein paar Tage geht es ganz gut, dann fangen wieder die gleichen Szenen an. Die Großmutter gibt auf. Franca hat gesiegt, aber sie ist etwas eifriger. Sie genießt ihre Selbständigkeit.

Ab und zu erkundigt sich die Großmutter und sieht bisweilen nach. Sehr oft vergißt sie es. Sie vergißt viel, kapselt sich immer mehr ab, ist immer mehr mit der eigenen Einsamkeit beschäftigt.

Religionen? Nationen?

Die Großmutter und ihre Geschwister hatten als Kinder gebetet, der Bruder hatte sogar ein eigenes Gebet, das die Mutter für ihn gedichtet hatte:

> Lieber Gott, ich bitte dich,
> Mach zum guten Menschen mich,
> Hilf mir, wahr und deutsch zu sein,
> Dankbar, froh und stark und rein.

Die Schwestern wollten auch stark und deutsch sein. Sie beneideten den Bruder um sein Gebet und fragten sich, ob kleine Mädchen denn nicht auch so stark, so deutsch sein könnten?

Alle Tanten und Onkel, die gerade krank waren,

wurden in das Nachtgebet eingeschlossen. Doch die Wünsche verloren bald an Gewicht, als sie merkten, daß die Eltern nicht beteten.

Der Bruder nahm ihnen sogar den Osterhasen übel und kam sich betrogen vor, weil er all die Geschichten geglaubt hatte.

So weit war sie nicht gegangen. Sie hatte ihre Mutter sogar im Verdacht, in einem Winkel ihres kindlichen Gemüts selbst noch an den Osterhasen zu glauben.

Aber sie hatten Hitler geglaubt, hatten an Deutschland geglaubt, hofften, Heldentaten vollbringen zu können, um sich ihres Volkes würdig zu erweisen.

Und dann kam der große Zusammenbruch und das erbärmliche Bild, das die meisten Erwachsenen boten. Von einem Tag zum anderen hatten sie immer gewußt, daß an Hitler nichts dran war, hatten sie kaum von ihm gehört! Daß sie uns am Vortag noch ermahnt hatten, durchzuhalten und nicht zu verzagen, haben nur wir nicht vergessen! Unser Ortsgruppenleiter, so hörte man plötzlich, war gar kein Nazi, sondern in Wirklichkeit Kommunist. Wenn er noch lebt, hat er sich sicher inzwischen bestätigen lassen, daß er gar kein Kommunist gewesen sein konnte, weil er ja Ortsgruppenleiter war.

Ein Denunziant, von dem wir wußten, daß er

Leute ins KZ gebracht hatte, vertauschte flugs den Namen Hitler mit Christus, redete von dem Stern da oben, der sein Leben leite, trug seinen Vollbart ebenso stolz vor sich her und tönte ebenso lauthals und überzeugt mit dem vertauschten neuen alten Namen.

Nur ein paar alte Parteigenossen, die die Fußböden der Parteigebäude kehrten, mußten weiter Fußböden kehren, jetzt zur Strafe, weil sie Nazis waren. Das war ein widerliches Erlebnis gewesen für alle, die damals noch halbe Kinder waren, viel schlimmer als Not und Hunger. Sie kamen sich mißbraucht und verraten vor, und sie hatten sich geschworen, ihren Kindern keine Lügen aufzutischen.

Sie war so überzeugt gewesen, daß es richtig sei, wenn sie ihren Kindern nichts vormachte, woran sie selbst nicht glaubte. Sie dachte, ihre Kinder müßten froh darüber sein, und ahnte nicht, daß ihnen etwas fehlen könnte. Etwas, das sie ihnen, beim besten Willen, nicht geben konnte. Menschlichkeit und Friedfertigkeit waren die einzigen Ideale, an die sie noch glaubte. Warum genügten sie den Kindern nicht? Wollten sie eine Nation? Sie konnte ihnen keine geben. Sie hat ja selbst keine. War sie Italienerin? War sie Deutsche? In ihrem Paß war sie beides. In Wirklichkeit nichts.

Sie ärgert sich manchmal über die Oberflächlichkeit der Italiener, aber wenn Deutsche herablassend von Italienern sprechen und sich über die Papagalli lustig machen, dann ereifert sie sich, die Italiener würden wenigstens ganz normal sprechen, wenn sie verliebt seien. Sie würden selbst an ihre große Liebe glauben, sie nur rasch wieder vergessen.
Deutsche Männer würden, wenn sie Zärtlichkeiten sagen, so unnatürlich durch die Nase flöten, daß man sie gleich im Verdacht hätte, nicht zu glauben, was sie sagen.
Sie lächelt über die Italiener und ihre Bewunderung für die deutsche Disziplin und Zuverlässigkeit. Sie haßt diese Disziplin, diesen Wahn von Vollkommenheit, der in Diktatur und vollkommene Grausamkeit umschlagen kann. Und doch gibt es wieder eine Zuverlässigkeit, eine Treue zu sich selbst und anderen. Sie hatte sie bei ihrem Vater, ihrem Bruder erlebt und traute sie keinem Italiener zu, bis sie Johannes XXIII sah. Er glich nicht nur äußerlich ihrem Vater. Er hatte auch die gleiche Ausstrahlung von Ehrlichkeit und war Italiener und Katholik. Man soll sich keine Bilder machen, lächelt sie vor sich hin, sie fallen immer wieder um.
Sie hat ihre Kinder katholisch taufen lassen. Das kam ihr in Italien ganz selbstverständlich vor.

Sie liebt das schummerige Dunkel der katholischen Kirchen, die einschläfernden Gottesdienste in ihrer schlichten Sinnlichkeit, weit weg vom Verstand, aber sie konnte ihre Kinder nicht katholisch erziehen. Das besorgten die Nonnen in den Kindergärten, und sie lachte darüber.
Wie diese Mischung auf die Kinder wirkte, hat sie sich damals nicht überlegt.
›Ist es nicht merkwürdig? Man hält die Kinder schön gleichmäßig warm, füttert sie mit bekömmlichen Speisen, schützt sie vor Zugluft und Krankheit, aber geistig schüttet man ihnen mal heißes und mal kaltes Wasser über den Kopf und wundert sich, wenn sie verwirrt werden und später Vorwürfe machen. Aber hätte ich sie in einem Glauben erzogen, den ich nicht habe, ihnen eine Sicherheit vorgetäuscht, die ich nicht spüre, sie hätten rasch gemerkt, daß nichts dahinter ist.
Sie wären aus ihrer Traum- und Osterhasenwelt in eine Wirklichkeit gepurzelt, die ihnen noch grausamer erschienen wäre.‹
»Ach, Quatsch!« ruft sie laut.
Eine Katze sieht sie aus schrägen Augen an.
»Ich konnte gar nicht anders sein, als ich war«, ruft sie der Katze zu. »Ein Geschöpf, zusammengesetzt aus kleinen Stückchen, aus Glück und Kummer. Vielleicht wäre ich in günstigerer

Umgebung besser gediehen, vielleicht ist auf dem kargen Boden manches verkümmert? Aber ich wäre immer die gleiche geblieben, mit der gleichen buckligen Nase und dem gleichen buckligen Charakter, aber das verstehst du nicht, du dummes Vieh!«

Die Katze macht sich beleidigt aus dem Staub. Die Großmutter geht zum Fenster, sieht über die immer noch ungedüngten Kakteen, die ihr mürrisches Dasein unverändert weiterfristen.

Draußen geht eine Schulklasse vorbei, in rosa und himmelblauen Kittelchen, umflattert von schwarzen Nonnen.

›Was wird bei euch wieder alles schiefgehen?‹ denkt die Großmutter und sieht in die blassen Kindergesichter.

Sie setzt sich an die Schreibmaschine, unlustig, und doch wieder froh, die Arbeit zu haben, die ihren Gedanken ein Ende macht.

Kaltes Wasser und kalte Füße

Maria ist besorgt. Sie nimmt das Geklapper der Schreibmaschine kaum noch wahr, aber die Stille, die jetzt oft oben bei der Großmutter herrscht, kommt ihr seltsam vor.

»Die Mama gefällt mir nicht«, sagt sie zu Anna.

»Sie ist so abwesend und still geworden, könntest du nicht mal mit ihr reden?«
Anna zuckt die Achseln. »Mit der Mama ist schwer zu reden ...« Aber sie versucht es.
»Vielleicht solltest du zum Arzt gehen? Dich gründlich untersuchen lassen«, schlägt sie ihrer Mutter vor.
»Ach, das bringt doch nichts!« wehrt die Großmutter ab.
»Wenn du's so machst wie das letzte Mal«, lacht Anna, »kann's nicht viel bringen! Weißt du noch, wie der Arzt im Krankenhaus deine Leber untersuchen wollte? Da hast du ihm erklärt, er solle sich mal lieber um seine eigene Leber kümmern! ›So, wie Sie aussehen‹, hast du gegiftet, ›ist die bestimmt schlechter als meine!‹«
Die Großmutter lacht: »Der war aber auch ein widerlicher Typ!«
»Du sollst ja nicht die Ärzte untersuchen«, meint Anna, »sondern *dich* untersuchen lassen.«
»Und wenn sie was finden?« fragt die Großmutter mißtrauisch.
»Dann könntest du zur Kur gehen. Wir zahlen dir das.«
»Nein«, ruft die Großmutter. »Ich mag nicht, wenn mir meine Zeit eingeteilt wird wie in der Schule, wenn ich lauter Zeug trinken und essen soll, das ich nicht will! Den ganzen Tag wird

man gequetscht und geknetet, daß einem alle Knochen weh tun. Und soll ich vielleicht schwimmen, am hellichten Tag?«

»Schwimmst du sonst bei der Nacht?« fragt Anna lachend.

»Nein, überhaupt nicht«, sagt ihre Mutter mit Würde. »Soll ich mit kränklichen alten Tanten Handarbeiten machen, nur um die Zeit totzuschlagen, während sich hier meine Arbeit häuft? Außerdem hab' ich was gegen solche alten Tanten, die nachmittags ins Café gehen, sündigen, Torten fressen und sich freuen, als hätten sie ihre bösen Ehemänner betrogen. Nein, Anna, da pass' ich nicht hin!«

»Vielleicht solltest du Urlaub machen?«

»Wo? Und wer schreibt meine Hefte?«

Anna ist mit ihrer Weisheit am Ende.

»Hast du mit ihr geredet?« fragt Maria.

»Ja«, sagt Anna mürrisch. »Mit vollem Mißerfolg. Du kennst doch deine Schwiegermutter!«

»Die kann schon stur sein«, bestätigt Maria.

»Sie hat's auch nicht leicht!« sagt Anna. »Sie muß etwas ganz Neues lernen.«

»Was muß denn die noch lernen?« fragt Maria erstaunt.

»Kapierst du das nicht?« schüttelt Anna den Kopf. »Sie muß lernen, daß wir sie nicht mehr

brauchen, sie, die immer gebraucht wurde. Denk an ihren 50. Geburtstag! Wie kurz ist das her? Da saß sie noch wie eine Diva auf dem Sofa und wir, das Fußvolk, waren um sie versammelt. Sie hatte neue Enkel, einen neuen Schwiegersohn, eine neue Schwiegertochter. Wir waren mehr geworden, nicht weniger. Die Einsamkeit lag noch so fern. Jetzt bröselt alles auseinander, und sie muß lernen, damit fertig zu werden. Ach, Maria!« ruft Anna und fällt ihr um den Hals. »Daß diese blöde Lernerei nie ein Ende nimmt! Dabei hab' ich der Mama schon als Kind gesagt: ›Wenn ich lernen muß, krieg' ich Bauchweh!‹ Und damals ahnte ich noch nicht, daß die Lernerei nie aufhört! Die Mama muß lernen, alt zu werden, du mußt lernen, mit Romano zu leben. Wahrscheinlich müssen wir auch noch das Sterben lernen.«
»Gina behauptet, ich würde verspießern«, sagt Maria nachdenklich, die, in einer neuen Empfindlichkeit, nur das gehört hat, was sich auf sie bezieht, und der dieser Satz sehr zu schaffen macht.
»Das ist typisch Gina«, lacht Anna, »aber vielleicht hat sie recht? Du mußt lernen, mit Romano zu leben, und wenn du hundertmal Bauchweh kriegst!« Dann läuft sie mit klappernden Absätzen davon.

»Wenn das so einfach wäre ... «, murmelt Maria und fühlt das Magendrücken, das sie in letzter Zeit öfter gespürt hat.
›Es fängt anscheinend mit dem Bauchweh an‹, denkt Maria.

Ein Hundeleben und ein bißchen Liebe

»Oma, komm schnell!« ruft Franca. »Bimbo kann die Treppe nicht mehr rauf!«
Bimbo steht steif vor der Treppe, versucht aufzustehen und sackt wieder in sich zusammen.
»Der hat die Lähme«, sagt Maria, »da ist nichts mehr zu machen!«
»Ja«, nickt die Großmutter und schluckt, »blind und gelähmt, das ist zuviel. Das hält kein Hund aus.«
»Wir müssen ihn einschläfern lassen«, meint Maria.
»Ja«, nickt die Großmutter und schluckt noch mal. Irgendwas knackt in ihr. Es ist nicht das Herz. Es sitzt tiefer.
Maria nimmt Bimbo auf den Arm.
Die Großmutter läuft hinterher. Sie hat vergessen, die Küchenschürze auszuziehen.

Sie redet mit Bimbo, der nicht mehr da ist. Franca hört es im Nebenzimmer.

»Bimbo, soll ich ganz allein im Haus bleiben, wenn alle weg sind? Jetzt, wo du auch nicht mehr da bist? Ja, später könnte ich zu Anna und Giorgio gehen, wenn die mal ihr Haus auf dem Land haben. Aber das dauert noch eine ganze Weile. Was mach' ich inzwischen? Ich hab' Angst! Freilich, zu meinen Geschwistern könnte ich. Die würden mich schon aufnehmen. Aber was tu ich da? Zuerst wäre die übliche Eifersucht. Jeder wäre gekränkt, wenn ich zu lang beim anderen bliebe, aber wenn es nicht nur ein paar Tage wären, wie sieht es dann aus?«

Franca hört die Großmutter zum Schrank gehen. ›Die schenkt sich kein Glas ein‹, denkt sie, ›die trinkt aus der Flasche.‹

»Ach, Bimbo, du hast's überstanden«, hört sie die Großmutter sagen, dann ist Stille im Nebenzimmer.

Franca krabbelt aus dem Bett. Der Boden ist kalt an den nackten Füßen.

»Ich schlaf' heut nacht bei dir«, sagt sie und schlüpft in das Bett der Großmutter. Die Großmutter nimmt sie in ihre weichen Arme. Franca schläft gleich wieder ein.

Das Bett ist zu schmal für zwei. Die Großmutter hängt mit dem Rücken und den Füßen über

die Bettkante, stopft sich ein Kissen ins Kreuz, um nicht hinunterzufallen.
Sie sieht auf das blasse, kühle Kindergesicht. Tränen laufen ihr über die Wangen. Sie sind warm und angenehm.
Sie laufen und laufen und haben keine Bedeutung mehr.

Die Autorin

»Ich wurde am Tag der Arbeit geboren. Die roten Fahnen wehten alle mir zu Ehren. Nach einer kurzen, unrühmlichen Schulzeit hatte ich mit 19 Jahren schon fünf Berufe hinter mich gebracht. Mit zwanzig gab ich das Berufsleben endgültig auf. Ich lebe in einem alten Bauernhaus, habe drei Söhne aufgezogen und ihnen viele Geschichten erzählt.«

Dietlind Neven-du Mont hat mehrere Kinderbücher veröffentlicht. Sie ist 1995 verstorben.

ISBN 3-7918-2238-1

© Quell Verlag, Stuttgart 1997
Printed in Germany · Alle Rechte vorbehalten
Umschlagmotiv: Paul Cézanne, Mühle auf der
Couleuve, bei Pontoise, 1879
© Archiv für Kunst und Geschichte, Berlin
Umschlaggestaltung: Otfried Kegel
Druck: Maisch & Queck, Gerlingen
Bindung: Karl Dieringer, Gerlingen

*Weitere Bände aus der
kleinen Geschenkbibliothek*

Reinhard Abeln
Zum Glück gibt's Enkelkinder

✻

Charlotte Hofmann-Hege
Spielt dem Regentag ein Lied

✻

Claudia Rück
Liebe nicht ausgeschlossen
Heiratsgeschichten

✻

Hildegard Pfaff-Henning
Die fliegende Hebamme